Journalisez et Auto-analys vos rêves

Parce que vous êtes l'unique personne capable de comprendre les messages personnels de votre Âme.

Table des Matières

Appartient à Mme/M. :

Journal Numéro :

Date de début & fin :

Introduction

Ce recueil n'est pas un dictionnaire qui décode à votre place la symbolique des objets ou des personnes présents dans votre rêve. Vous n'y trouverez pas, par exemple, que de rêver d'un chat noir ou blanc signifie telle ou telle chose. Ou bien encore que la vision d'une voiture symbolise un tournant important dans votre vie. Non !

Ce journal vous donne des clés pour auto-construire votre propre décodeur. Pourquoi ? Parce que la symbolique présente dans vos rêves ne vous n'appartient qu'à vous et à vous seul ! Elle ne signifie pas forcément la même chose pour votre voisine ou votre conjoint.

Illustrons cela par un exemple simple :

Dans un rêve, apparaît un appareil photo. Les dictionnaires habituels indiqueront que vous vous accrochez trop au passé (postulant qu'une photo est un souvenir), ce qui n'est pas forcement idiot, il faut l'admettre. Mais ! Si le rêveur est un photographe ou est simplement passionné par la photographie ? Il aura une vision totalement différente de cet appareil. Pour lui, c'est un outil important qui a un sens très précis de son point de vue. A titre personnel, un appareil photo m'évoque le voyage, les panoramas exotiques, les joies d'un anniversaire ou bien encore une fête entre amis. Mais en aucun cas cela ne m'évoque d'être trop ancré dans le passé.

Là, nous voyons bien que la sensibilité de chacun est primordiale. Que la vision d'un rêve s'interprète uniquement à travers les prismes des différentes sensibilités du rêveur lui-même. L'interprétation ne peut donc être qu'intimement liée aux expériences de vie et à la subtilité du rêveur.

Bien qu'un dictionnaire de décodage s'avère parfois utile, il restera, de facto, toujours trop généraliste et donc trop rarement adapté pour vous. Souvent même, ils ne nous « parlent » pas du tout, produisant ainsi plus de confusions encore.

C'est pourquoi, il apparaît bien plus pertinent d'utiliser son propre décodeur. Parce que nous sommes tous uniques. Nous seuls savons mieux que personne de quoi nos sensibilités, nos valeurs, nos habitudes, ou encore nos attitudes sont faites.

C'est exactement l'objectif de ce cahier : journaliser vos rêves pour enfin commencer, petit à petit, à en décoder les divers sens. Selon vos propres clés de compréhension, analysées sous votre loupe personnelle et bâties de **vos** expériences de vie.

Mais saviez-vous que vous pouviez également suggérer ou programmer un rêve ? C'est d'ailleurs une force incroyable, que de pouvoir questionner et affirmer, en s'adressant à notre subconscient ou à notre âme… Osez, vous allez être merveilleusement surpris ! Et soyez assuré que **nous** pouvons **tous** le faire.

Mais le plus important de tout, bien au-delà d'interpréter vos rêves, c'est de les répertorier à tout prix. En effet, le fait de les noter constitue le seul moyen de pouvoir s'y replonger et enfin finir par comprendre comment vous fonctionnez vraiment, de faire des liens que vous n'auriez peut-être pas faits sur l'instant.

Postulats de base

Nous rêvons toutes et tous, même si parfois, certains d'entre nous prétendons le contraire. Ceci s'explique souvent par la difficulté que nous éprouvons à nous en souvenir.

Parfois, nous nous souvenons de quelques scènes ou de quelques bribes. Mais parce que nous les trouvons incohérentes ou trop symboliques, nous ne leur accordons pas l'importance qu'elles revêtent ou ne voyons pas l'intérêt de nous y attarder. Pourtant, c'est ce que le rêve requiert. Par conséquent, nous finissons par les oublier, tout simplement. C'est particulièrement dommage !

Alors, nous irons droit au but : penser que le rêve n'est qu'un amalgame incohérent ou un simple défouloir de la journée passée est une erreur classique. Les rêves sont, au contraire, de véritables messages qui nous sont directement destinés. Ils contiennent souvent des informations de forte importance. Informations que nous fait parvenir notre subconscient, ou notre Âme pour les plus poétiques d'entre nous.

Ils sont là pour nous guider, nous aider à garder confiance, continuer notre chemin de vie. Ils permettent de comprendre une situation ou un blocage présent ou passé (et futur). Ils sont véritablement un outil appréciable pour améliorer notre quotidien ; comme pour mieux nous informer de notre santé physique et psychique.

N'ayons pas peur des mots : nos rêves sont des informations que notre âme nous transmet, toujours pour notre bien et pour notre propre évolution. Qui mieux que notre âme peut nous souhaiter le meilleur ? Dieu ? Nos guides spirituels ? Nos anges gardiens ? Les Anges et les Archanges ? La réponse est simple : oui, très clairement chacun d'entre eux tous aussi. C'est bien par le rêve qu'ils communiquent avec nous. Simplement parce que la journée, notre cerveau est trop occupé par les pensées du quotidien.

Les pages suivantes vous donneront un aperçu d'une fiche de notes (de rêve) de façon à ce que vous ayez le cadre global en tête avant de dérouler la méthode d'analyse et la méthode de programmation d'un rêve.

Imprégnez-vous des fiches de journalisation

1- Date et titre du rêve				
Date		Titre		

2- Evénements importants antérieurs
a)
b)
c)

3- Suggestions/pré-conditionnement du prochain rêve à faire
a)
b)
c)

4- Environnement / Ambiance / Lieu
a)
b)

5- Actions principales (Verbes d'actions)		
Actions	Objectifs	Complément / Anomalie

6- Objets / Eléments		
Objets remarqués	Signification / Sens habituels	Complément / Anomalie

7- Emotions / Sentiments perçus au moment des actions ou à la vue des objets		
Actions / Objets	Emotions / Sentiments	Complément / Anomalie

8- Personnes / Animaux / Autres êtres apparaissant dans le rêve		
Qui / quoi	Représentation habituelle	Que fait/dit-il ?

9- Dernière scène et dernier sentiment perçu		
Scène	Emotions / Sentiments	Agréable / Désagréable / Anomalie

10- Caractéristiques du rêve

Récurrent	Oui ☐	Non ☐	Quel élément l'indiquerait	
Informatif	Oui ☐	Non ☐	Quel élément l'indiquerait	
Prédictif	Oui ☐	Non ☐	Quel élément l'indiquerait	
Solution	Oui ☐	Non ☐	Quel élément l'indiquerait	
Evolutionnaire	Oui ☐	Non ☐	Quel élément l'indiquerait	
Quelle évolution ? Qu'avez-vous appris ?				

Spirituel / Mystique	Oui ☐	Non ☐	Elément reconnu	
Si oui, quels êtres ? (Guides spirituels / Anges gardiens, Archanges, êtres ascensionnés ?)				

Êtres : Qui / Quoi ?	Elément reconnu ?	Qu'a-t-il-fait ou dit ? Actions ?

Autres caractéristiques	

11- Résumé du rêve en 7-8 lignes max. (à la première rédaction)

12- Compléments / Analyse & décodage (après relecture ou les jours d'après)

13- Qu'avez-vous appris / identifié (après relecture ou les jours d'après)

Comment fonctionne ce journal d'auto-analyse ?

Nous aurions tous tendance à vouloir nous précipiter pour rédiger des dizaines de lignes pour ne rien rater. Cela pourrait fonctionner, bien sûr, mais rares sont les fois où notre mémoire est à ce point efficace au réveil. C'est pourquoi, il faut optimiser la prise de notes pour ne pas perdre de temps et donc de précieuses informations. C'est dans ce sens que ce journal est conçu. La première partie de la fiche relève les informations principales : rédigez le moins possible à ce stade, utilisez des mots clés, des verbes d'actions/de mouvement, le nom des personnes...

Vous allez constater que la prise de notes est sectorisée par éléments : lieu, ambiance, actions qui se déroulent, objets qui agrémentent l'environnement, personnes ou animaux qui peuplent le rêve, etc... Ceci de façon à décomposer et compartimenter les informations perçues. L'idée principale de la méthode d'interprétation ou de décodage est tellement simple que vous penserez « comment n'y ai-je pas pensé avant ? ». La réponse est aussi simple que la question : c'est tellement évident que l'on se refuse presque d'en avoir l'idée.
Nous croyons tous assez souvent que les rêves sont tellement compliqués et même alambiqués, que de les décoder doit être le résultat d'un travail infernal de recherches, d'associations, d'acquisition de connaissances en symbologie.

Une sorte de rébus inextricable ou encore un casse tête volontairement rendu compliqué... Rendu compliqué ? Mais par qui ou par quoi ? Notre âme ? Notre subconscient ? Mais pourquoi compliqueraient-ils volontairement les choses, sachant qu'ils ne veulent que notre bien, notre évolution, notre sécurité et notre santé ? Pourquoi souhaiteraient-ils nous dire des choses que nous serions incapables de comprendre ? Ça n'a aucun sens ! Non ?

Voila ce que j'appelle une magnifique (pour dire horrible) croyance limitante. Elle nous limite parce que justement, elle obstrue notre vision, elle voile notre compréhension. C'est un peu comme si nous regardions le ciel par le trou d'une serrure. Nous nous « enfermons » inexorablement tout seul.

C'est face à ce constat que j'ai enfin compris l'évidence : c'est exactement l'inverse ! « Ils » ne nous parlent **que** comme nous le comprenons justement ! Bien sûr que oui, notre Âme nous parle **uniquement** avec le langage, les mots, les métaphores, les comparaisons, les associations, que nous sommes capables de décoder, **évidemment**. Même si parfois « elle » ne manque pas d'humour, il faut le reconnaître.

Ceci étant maintenant admis, laissons-nous aller à une petite illustration : nous connaissons tous l'adage « une image vaut mieux que mille mots ! ». Alors que penser de ce que nous rêvons sous la forme d'un petit « film » ? Vu sous ce nouvel angle, reconsidérons maintenant la quantité d'informations ou le nombre de « mots » donnés dans ces petites séquences « cinématographiques » nocturnes.

Mesurez-vous mieux, maintenant, l'ampleur de ce que l'on peut tirer d'un rêve ?
Mais reprenons la formule vue plus haut : « une image vaut mieux que 1000 Mots ». Laissez-vous inviter à faire ce petit exercice ultra simplifié. Il ne sert qu'à vous donner la philosophie globale de la collecte d'informations pour préparer son interprétation ultérieure.

C'est parti ...

Si vous rêviez demain de cette situation, que diriez-vous, avec votre compréhension actuelle d'un rêve ?

Scène du rêve	Notez votre relevé et ce que cela VOUS inspire	
	Relevé :	Qu'est-ce que cela vous inspire ?

Auriez-vous dit : « Mon relevé est : ... »

« La mer est extrêment agitée », « l'eau est sale », « le phare va s'effondrer », « on ne voit pas l'horizon », « il y a une tempête », etc ... ?

Auriez-vous dit : « Cela m'inspire ceci : ...»

« Je suis (ou je vais être) dans une extrême détresse », « je suis noyé(e) », « je vais mourir », etc. ?

Voici maintenant un relevé factuel et ce que la photo m'inspire à MOI et à première vue.

> J'insiste sur le fait que les émotions ou les perceptions au moment du rêve sont bien celles à relever. Ici **et pour cet exercice**, je parle bien entendu de ce que la photo m'inspire à l'œil, car je ne vis pas ce rêve pendant mon explication, bien sûr.

Scène du rêve	Mon relevé et ce que cela m'inspire	
	Il fait jour mais voilé, il y a beaucoup de vent.	*L'ambiance générale n'est pas ténébreuse mais lourde, mouvementée.*
	La mer est déchainée, sale et boueuse.	*Eau sale/boueuse : difficultés. Mer déchainée : ça va secouer fortement.*
	Le phare est pilonné par les vagues / le vent, mais encore debout et visible.	*Solidité, reste debout, malgré ce déchainement infernal.*

Décodage final :

Je suis (ou je vais être) dans des difficultés importantes. Mais je ne suis (ou ne serai) pas submergé/englouti. Je suis (ou reste) solide. Ca va aller, je vais rester debout (comme le phare), malgré cet environnement très difficile (actuel ou imminent).

En utilisant un dictionnaire d'interprétation des rêves.

Eléments :	Interprétation du dictionnaire
Mer déchainée	*Rêver de mer agitée parle de votre maison, de vos proches les plus intimes et les plus appréciés.*
Eau sale/boueuse	*Rêver d'eau boueuse, sale ou souillée est un présage défavorable, il annonce un processus d'incertitude, le rêveur peut être matérialiste, il ne se connaît pas lui-même.*
Phare marin éteint	*Est un avertissement pour vous dire qu'un imprévu prolongera la réalisation de vos objectifs. Le phare éteint est un symbole de solitude et d'idées sombres.*

Bien que l'idée générale dégagée par la lecture des éléments de ce dictionnaire soit, au mieux, correcte, on voit bien ici que cela ne colle pas vraiment avec les émotions perçues.

Concernant la mer déchainée : quel est le rapport avec la maison ? les proches ?

Pour l'eau sale : la première partie est plutôt bonne, mais quel est le rapport avec « être matérialiste ou ne pas se connaître ? »

L'idée de parler de l'interprétation par des dictionnaires « standards » n'est pas de les discréditer, au contraire, mais voyez comme ils peuvent parfois apporter de la confusion. Eventuellement, aidez-vous de ceux-ci, bien sûr. Mais surtout ne prenez que ce qui **vous** « parle » et qui est en phase avec **vos ressentis au moment du rêve**.

2nd exemple, un peu plus compliqué

Si vous rêviez de cette situation, qui semble en apparence plus « idyllique », que diriez-vous avec votre vision actuelle d'un rêve ?

Scène du rêve	Notez votre relevé et ce que cela VOUS inspire	
	Relevé :	Qu'est-ce que cela vous inspire ?

Diriez-vous, « mon relevé est... » :

la vue est paradisaque ? l'eau est turquoise ? la mer est d'huile en arrière-plan ? il y a de magnifiques voiliers ? la plage est quasi vierge de monde ? la végétation est préservée et saine ? l'eau au premier plan est peu profonde ? le rocher est abrupt ? etc ...

Diriez-vous : « cela m'inspire ceci... » :

Je me sens bien là ? c'est beau ? je dois m'y rendre ? on me demande de prendre des vacances ? d'acheter un bateau... ou au contraire : Je déteste la mer, la plage. Les voiliers c'est enmnuyeux ...

N'y voyez pas une moquerie de ma part, il s'agit de forcer le trait et de montrer que l'on a souvent pas le bon relevé de la situation et donc pas la bonne comprehension de ce qui nous est montré. Simplement parce que l'on se limite parfois aux stéréotypes du « communément admis et correct , ou du communément beau et laid, du bien et du mal... ». Cependant, si vous avez déjà noté cela, même partiellement, c'est que vous progressez sur la démarche à avoir, c'est parfait ! Vous avancez avec la volonté de tirer consciemment un message de votre rêve. C'est très bien !

I) **Décoder séquentiellement et sans intégrer votre personnalité.**
Continuons et voyons ce que produirait l'erreur de vouloir interpréter (décoder) trop vite les éléments un par un, sans tenir compte de notre vraie sensibilité (qui nous sommes vraiment), avec nos qualités, nos défauts, nos peurs, nos joies, nos valeurs personnelles, etc ...

Scène du rêve	Relevé + interprétation	
	Scène ensoleillée, paysage apaisé et doux.	Aucun problème apparent. Tout va bien.
	L'eau est propre et cristalline. Bateaux et skippers sont en pause.	Le calme est là, pas de problème en vue.
	Le rocher central semble bloquer l'accès à la pleine mer derrière.	Peu importe, les bateaux sont bien arrivés là. (logique ...)
	La végétation est belle & vierge.	Il n'y a pas de trace de l'homme.
	Arrière-plan : mer d'huile et propre.	Le calme et l'apaisement, le large.

Evidemment, l'analyse des éléments isolés les uns des autres (de façon séquentielle) donne des informations assez peu pertinentes. En l'état, nous pourrions conclure que tout va bien dans le meilleur des mondes...

C'est pourquoi, il faut impérativement relever les informations de façon honnête **et sensible** en y intégrant réellement notre subtilité personnelle. Sans tirer une conclusion hâtive pour chaque élément séparé.

II) Décoder globalement les éléments et intégrer notre personnalité.

Voici un relevé personnalisé (intégrant le « qui nous sommes vraiment »). Sans trop d'interprétation à ce stade, mais seulement ce que m'inspirent émotionnellement les différents éléments de la photo.

Scène du rêve	Relevé et ce que ça m'inspire	
	Scène ensoleillée, paysage apaisant, un rocher bloque la vue.	L'ambiance m'est agréable, soleil et chaleur, je n'ai pas froid.
	1er plan : Je suis au bord d'une falaise, dans le vide. La pente de la paroi à gauche me l'indique.	Je suis pétrifié (peur), je me sens en grave danger. Attention : pas de geste brusque.
	2nd plan : L'eau est propre et calme, les bateaux et les skippers sont en pause. La plage est belle.	Voir cette eau calme me rassure. Mais la vue n'est pas si dégagée que cela (rocher).
	3ème plan : L'énorme rocher abrupt bloque la vue et l'accès à la pleine mer.	Infranchissable pour moi (pas d'escalade), cette barrière naturelle m'étouffe / m'écrase : difficultés à venir ?
	La végétation sur le rocher est vigoureuse et saine.	J'aime la forêt/ la nature, je m'y sens bien : ma santé est déjà (sera) bonne.
	Arrière-plan : mer d'huile.	Après ces difficultés, l'horizon se dégagera.

Pré-analyse (démonstration de la démarche intellectuelle à avoir)

Dès la première sensation, j'ai peur, je suis déjà en grosse difficulté (phobie totale du vide : vertige) : je dois agir vite mais surtout sans précipitation (sinon c'est la chute assurée).

Une 2nd étape sera une situation temporaire de pause et d'apaisement, je suis rassuré de voir l'eau turquoise et propre. La plage est belle et quasi vierge de monde. Le calme règne devant le rocher. Cette vision m'est agréable et rassurante.

Je devrai gérer une seconde difficulté, certes importante, mais moins forte que la 1ère : l'imposant rocher fait barrière à la situation, qui redevient normale après (la mer bleue foncée, à l'arrière).

Si je prends les bonnes décisions, tout finira par s'arranger ensuite (mer d'huile derrière le rocher, la scène est très ensoleillée, très apaisante).

Décodage final.

Je suis averti de deux situations difficiles (dont la 1ère sera très dure), sans qu'elles ne soient ni l'une ni l'autre insurmontables. Il y aura une accalmie entre ces deux soucis. Finalement, je vais y arriver, mais attention à ne pas me précipiter.

Bien sûr, ces deux exercices déroulent des démonstrations très simplifiées. L'objectif était surtout de vous montrer, par l'exemple, la philosophie personnelle et progressive du décodage.

Sachant qu'une « photo » en dit beaucoup moins qu'un vrai « rêve vécu en vidéo ». Sur ces photos, il n'y a évidemment ni notion d'action ou de mouvement, ni d'odeur, ni de son et surtout sans sensations / émotions / perceptions, perçues réellement en rêve.

L'idée de proposer ces exercices en photos était simplement d'apporter un léger plus pédagogique.

Ce qu'il faut retenir :

Soyez le plus concis possible. Il n'est absolument pas nécessaire de remplir **tous** les encadrés. Agissez selon votre inspiration du moment, remplissez les zones dans l'ordre ou dans le désordre. La seconde partie vous laissera la possibilité d'étoffer et d'affiner votre prise de notes.

Il est extrêmement important de comprendre que vous ne pourrez pas produire une auto-analyse fiable dès les premières fois. C'est tout à fait normal, ne vous mettez aucune pression. Cela ne peut venir que petit à petit.

Sachez que plus vous prendrez de notes émotionnelles et plus le décodage sera facile et efficace. Ce n'est qu'à ce titre que vous allez, au fil du temps, apprendre à vous connaître et connaître le fonctionnement de votre subconscient ou de votre âme. Persévérez, vous serez récompensé ! Cela ne fait aucun doute.

Comment remplir les fiches efficacement ?

Vous verrez comment un rêve apparemment sans intérêt ou incohérent fournit des informations importantes, car oui, il y a bien transmission d'informations pour nous aider à décider ou à comprendre notre véritable fonctionnement. Notre Âme nous aide vraiment !

1- Date et titre du rêve			
Date	*22/02/2019*	Titre	*Le camping-car sans volant et sans freins*

Ici, rien de compliqué ou de piégeant, notez simplement que le titre doit être clair et concis pour permettre d'identifier rapidement le rêve, lorsque vous relirez votre journal. Parce qu'il est primordial de relire votre journal plusieurs fois ! En effet, ceci vous aidera à comprendre des éléments que vous ne comprendriez pas forcément sur l'instant. En effet, au fur et à mesure de votre développement, des éléments que vous aurez compris a posteriori viendront clarifier / affiner votre analyse des rêves précédents. **Relisez, relisez ! Et n'hésitez pas à compléter vos fiches précédentes.**

2- Evénements importants antérieurs :	
a)	*Discussion intense sur « la liberté financière».*
b)	*Discussion d'un investissement financier pour être plus autonome (hors système).*

Cette partie est réservée à ce qui s'est passé dans la journée précédant le rêve. Notez ici le ou les événement(s) les plus marquant(s). Parce que les rêves informatifs sont assez souvent liés à nos attitudes, nos émotions, ou nos décisions d'avant le rêve. Bien sûr, le rêve peut être un simple défouloir du subconscient, mais pas forcément uniquement. De la même façon ici, restez clair et bref, l'idée est de remplir la fiche avec un maximum d'informations avant que la mémoire ne vous fasse défaut (pour rappel, nous n'avons souvent que quelques minutes tout au plus). Il se peut que vous n'ayez rien à noter, ce n'est pas grave, avancez dans l'élaboration de la fiche. Vous y reviendrez peut-être plus tard.

3- Suggestions / pré-conditionnement du prochain rêve à faire	
a)	*Comment investir mes économies en cette période ?*
b)	*Est-ce bénéfique pour moi d'acheter ceci ?*

Voici peut-être un des encadrés les plus importants de tous, si ce n'est le plus important. Certains d'entre vous le savent peut-être déjà, en revanche, pour les autres vous allez découvrir que nous pouvons parfaitement suggérer un rêve. Dit autrement : nous pouvons prédéterminer le sujet d'un rêve à l'avance. En vue, bien sûr, d'obtenir une réponse ou une probabilité dans le champ des scénarios possibles. Aussi surprenant que cela puisse paraître, c'est extrêmement facile. Il suffit simplement d'indiquer à son subconscient ou à son âme ce que nous souhaitons savoir.

Pour cela, il faut poser le contexte et questionner son âme avant de s'endormir : poser une question claire et directe, formulée de façon positive, c'est-à-dire sans négation.

Une fois votre question correctement construite mentalement, imaginez que c'est votre cœur qui pose cette question ; que c'est de votre cœur qu'émane votre demande.
Le cœur est le siège de l'âme, mémorisez bien cela. C'est pourquoi, il faut focaliser votre attention sur votre cœur (qu'il s'agisse du cœur physique ou de votre chakra du cœur, selon votre préférence).
N'hésitez pas à questionner, à demander, à engager un échange, de façon courtoise, comme vous le feriez avec votre meilleur ami. Questionnez ou affirmez. Votre subconscient (votre Âme) sait parfaitement ce que vous êtes en train de faire. Il (elle) sait que vous souhaitez obtenir son retour. N'ayez aucune crainte de demander, quels que soient les sujets. Lâchez vos préjugés éventuels. Osez !

Quelques exemples de formulations correctes :

- Dans mon rêve, je trouve la réponse à ce « problème ».
- Cette nuit, je sais comment faire « telle chose ».
- Je m'adresse à mon âme, comment trouver mon chemin de vie ?
- Je m'adresse à mon âme, comment apprendre à gérer telle ou telle émotion (colère, honte etc …) ?
- A mon MOI supérieur : Y a-t-il un risque à faire « ceci » ?
- Mes guides, montrez-moi comment vivre dans l'abondance svp ?

Questionnez/affirmez de la façon qui résonne le plus pour vous.

Evitez autant que possible toutes formulations négatives (non seulement avec des négations, mais également émotionnellement parlant). Votre intention est primordiale et conditionne votre rêve. Ne cherchez pas à savoir comment faire le mal, mais plutôt comment vous pourriez être dans le mieux être.

Quelques exemples de formulations à proscrire :

- Je ne comprends pas pourquoi celui-ci est agressif, j'ai besoin d'aide…
  Dites plutôt : « dans mon rêve, j'identifie comment me protéger de cette personne ».

- Je souhaite que « cette personne » soit dans les ennuis.
  Dites plutôt : « dans mon rêve, j'identifie comment mieux aider les personnes que j'aime, en accord avec mes véritables valeurs ».

Pour les personnes religieuses ou ayant une croyance spirituelle, vous pouvez parfaitement demander de l'aide, un soin, une rencontre... Bannissez tous les scrupules que vous pourriez avoir. Osez vous lancer !

Quelques exemples de formulations spirituelles :

- Cette nuit je rencontre mes guides spirituels (Jésus Christ, Bouddha, mon créateur, Dieu, mes dieux etc...)
- Cette nuit je parle avec mon arrière-grand-mère et je lui dis que je l'aime.
- Mes chers guides / anges gardiens, dites-moi svp comment faire ceci...
- Mes chers guides / anges gardiens, aidez-moi svp à réussir mon entretien / mon examen ...

Questionnez de la façon qui vous parle le plus, n'ayez aucune honte, restez simplement poli et courtois, puisque vous croyez en leur existence en tant qu'êtres subtils. Et remerciez-les avec gratitude.

Il est important de construire des phrases claires, de façon à ce qu'elles ne soient pas interprétables de 1001 façons.

Il peut être très intéressant, au moins les premiers temps, de fixer ou de demander à établir des conventions qui raisonnent pour vous. Par exemple demandez ce qu'est un « **oui** » et un « **non** ». Demandez : « .... Montre-moi un « OUI ». » Ou au contraire, affirmez « un **oui** est un paysage ensoleillé, un **non** est un paysage pluvieux ». A titre d'exemple, un « **oui** » pourrait être une personne souriante, un « **non** » l'inverse. Au début, ne posez qu'une question à la fois. Ensuite, lorsque vous serez plus avancés, vous pourrez en poser 2 ou 3. Bien entendu, tout ceci est parfaitement libre, mais questionnez, demandez, posez des conventions, sans scrupules. En fonction de vos priorités, de vos intentions, de vos projets...

---

❹

4- Environnement / Ambiance / Lieu	
a)	*Sombre / pluvieux, je suis à la maison, j'ai froid, il y a du vent, la rivière est boueuse.*
b)	*Soleil radieux, végétation luxuriante, odeur de fleur, paisible, agréable, ensoleillé...*

Là non plus, il n'y a pas de difficulté particulière, notez tout ce que vous pouvez qui constitue l'endroit où se déroule le rêve. N'hésitez pas à collecter un maximum de détails, quitte à revenir sur cet encadré après avoir finalisé votre fiche. L'ambiance générale d'un rêve, bien que symbolique, donne tout à fait la « teinte » de l'action qui est en cours. Il se peut aussi que l'environnement du début du rêve soit en totale opposition avec les perceptions que vous aurez à la fin de votre rêve, c'est très important de le noter. A titre d'exemple : si de prime abord, l'ambiance ou l'environnement est totalement chaotique, mais qu'à la fin du rêve vous percevez un réconfort chaleureux, une joie, du bien-être etc ... Cela peut probablement vous indiquer que les acteurs du rêve vont traverser des difficultés, mais que l'issue sera heureuse ou que l'on vous viendra en aide...

5- Actions principales (Verbes d'actions)		
Actions	Objectifs	Complément / Anomalie
Je cours	*Rejoindre la sortie*	*Je fais du surplace*
Je me dispute, je crie	*Expliquer mon point de vue*	*L'autre ne m'entend pas*
J'escalade une montagne	*Faire du trekking très sportif*	*Qu'est-ce que je fais là ? Je déteste ça !*

Dans cet encadré, notez les actions principales. Essayez autant que possible de les noter dans l'ordre dans lequel elles vous apparaissent. A ce stade, nous comprenons bien que les actions peuvent être symboliques, tout comme être tout à fait réelles. C'est pourquoi il faut les noter honnêtement (sans les déformer). Pour cette partie-là (❺), je n'ai volontairement pas noté les actions du rêve « camping-car sans volant… » car les actions étaient moins pertinentes pour donner l'exemple de ce que l'on peut écrire ici. Il s'agit donc d'actions issues d'autres rêves.

Bien que nous devrions interpréter ces actions plutôt à la fin de l'analyse (pour avoir plus de contexte et d'éléments), nous pourrions déjà voir une petite tendance de ce que le rêve nous indique. Une fois encore, si le rêve est souvent symbolique, il peut vouloir dire des choses totalement opposées pour deux personnes différentes. Ce qui est important, c'est d'analyser avec honnêteté ce que représente ce qui se joue **pour vous**.

Prenons l'exemple de la troisième action : « *J'escalade une montagne* ». Pour un passionné de trekking ou d'alpinisme, se voir arpenter les sommets avoisinants se révélera être parfaitement délicieux. Cela pourrait lui indiquer quel chemin, ou la meilleure voie à emprunter. Des choses à faire et à ne pas faire etc… Ce serait alors pour lui une vraie mine d'or informationnelle.

Pour ce rêveur que je viens de décrire comme passionné, ce rêve pourrait être prédictif et informatif également. Lui faisant savoir que tel ou tel endroit est parfait pour assouvir sa passion.

A titre personnel, si je devais faire un tel rêve, ce serait, pour moi, un épouvantable enfer de peur ! Mais je pourrais en conclure quelque chose aussi, c'est là la force de la symbolique des rêves. Personnellement, je serais alors averti :
→ Je vais sans aucun doute possible traverser une période particulièrement effrayante et difficile ! Oui, mais laquelle ? A ce stade : **Je** n'ai pas assez d'informations pour analyser l'entièreté du rêve. Il **me** faudra combiner cela avec les autres éléments de contexte. Car je vous l'assure, **je** ne planifierais jamais une telle sortie…

Notez honnêtement et froidement, quitte à revenir dessus ensuite.

6- Objets / Eléments		
Objets remarqués	Signification / Sens habituels	Complément / Anomalie
un Camping-car	*Liberté / vacances à tout instant*	*Il manque : volant et freins*
Une voiture luxueuse accidentée	*Liberté de voyager*	*Elle est dans le fossé*
Un fossé	*Blocage/accident*	*Très profond*

Cette partie est à remplir avec la même philosophie que l'encadré précédent. Notez les objets apparaissant dans votre rêve. Là encore, il y a souvent une forte probabilité que ces éléments soient symboliques, notez alors ce que signifient ces objets **pour vous**.

Quelle impression/sensation vous laissent-ils **à vous** habituellement ! De la même façon que précédemment, un même objet ne provoquera pas forcément le même effet pour deux personnes différentes. Il faut absolument arriver à identifier quel sentiment, quel effet, quelle émotion vous procure l'objet en question.

N'hésitez pas à noter des informations complémentaires ou les anomalies que vous percevez de l'objet. S'il s'agit d'un cadre photo par exemple, notez qui ou quoi est mis à l'honneur sur la photo. Si l'objet présente une anomalie, un manque évident, une déformation ou une taille incorrecte, notez-le dans la colonne appropriée. Cela vous donnera de précieux indices sur l'interprétation que vous pourriez avoir sur l'existence de l'objet dans le rêve.

Dans l'exemple du camping-car, certains y verront des vacances à bas coût et peu confortables, voire insupportables. D'autres y verront une liberté totale de voyager en famille et de façon amusante pour les enfants. Vous l'avez compris, nous voyons les choses très différemment les uns des autres. Notre subconscient sait parfaitement qui nous sommes et nous fait donc parvenir des informations **que nous seuls** sommes capables de comprendre : selon nos attirances, nos affinités, nos valeurs,...

Là aussi, nous pourrions commencer à décoder le sens de ce qui est présenté : le camping-car est sans volant et sans freins, cela indique sans doute que mon envie de liberté ou de voyager librement est fortement compromise. Ou, si j'insiste malgré tout, je vais certainement faire face à une situation incontrôlable et (ou) de blocage.

A ce stade, mon âme m'invite probablement à repousser ma décision de voyager (pas forcement qu'en camping-car, bien sûr). De plus, comme pour mieux enfoncer le clou, il y a la présence d'une voiture de luxe toute neuve (donc chère) qui est accidentée sur le bord de la route, bloquée dans le fossé. Ici, la notion de cherté ou de forts coûts est également présente. Il y a donc fort à parier qu'une dimension financière vienne ajouter une notion d'empêchement ou de blocage. Mais continuons à collecter les informations perçues sans perdre trop de temps à décoder le rêve pour le moment.

7- Emotions / Sentiments perçus au moment des actions ou à la vue des objets		
Actions / Objets	Emotions / Sentiments	Complément / Anomalie
Je monte dans le camping-car	Joie, exaltation, c'est fantastique	Il ne m'appartient pas, c'est un vol
Il n'y a pas de volant	J'hésite, mais pas longtemps.	Je le démarre quand même
Je le démarre et roule	J'ai une crainte, je suis mal à l'aise	C'est l'accident : je suis dans le fossé

Cet encadré est également primordial. Il vous permet de noter les phases émotionnelles successives vécues dans le rêve. Tâchez autant que possible de les noter dans l'ordre de vos perceptions lors de votre rêve. Ceci vous renseignera sur votre évolution émotionnelle, votre état d'être face aux éléments / événements qui surviennent. Les bonnes surprises, les déceptions, autant que les curiosités que vous ne soupçonnez peut-être pas encore sur votre propre comportement. Notez vos peurs, vos joies, l'amour perçu, vos mensonges, votre colère, votre honte, votre bonheur etc… Notez toutes vos émotions sans distinction et surtout sans honte, soyez honnête dans votre rédaction et dans vos relevés, sinon ce cahier n'a aucun intérêt.

On pourrait ici aussi être tenté de vouloir analyser les choses de façon isolée, mais n'en faites rien encore. Nous ferons l'analyse plus tard, continuez à remplir un maximum d'informations, voilà déjà plusieurs minutes que vous êtes éveillé et votre mémoire va vous jouer de mauvais tours… Même si maintenant, vous avez déjà une bonne vue de ce qui se trame derrière la symbolique de votre rêve ou bien de ce que votre subconscient (votre âme) vous signale.

8- Personnes / Animaux / Autres êtres apparaissant dans le rêve		
Qui / quoi	Représentation habituelle	Que fait/dit-il ?
Ma femme, mes enfants	Le noyau, la confiance, l'évolution, l'amour, la confiance, le respect…	« ARRETE ! STP»
Mon ami Emmanuel	Le calme, la sagesse, l'intelligence	Tu vas au devant de problèmes.
Un inconnu	Semble effrayé et en colère	

Notez dans cette partie les personnes, les animaux qui parcourent les événements de votre rêve, mais **surtout prenez bien le temps** de noter ce que représentent **pour vous** ces personnes / animaux. S'il s'agit d'inconnus, notez leur comportement, l'émotion qu'ils dégagent. Si au contraire, il s'agit de personnes de votre entourage, notez quel comportement / émotion ils ont **habituellement** envers **vous**. Notez ce que vous pensez, diriez de lui ou d'elle en temps normal. Et tout aussi important : notez leurs comportements / émotions / actions **dans le rêve**. Est-ce dissonant avec l'habitude ? Est-ce cohérent ? Notez les curiosités des comportements, ou bien au contraire, notez ce qui vous semble cohérent à leurs façons d'agir ou de réagir. Tous ces éléments vous donneront de précieux indices pour comprendre ce qui est en train de se jouer. Vous reprochent-ils votre colère, votre mépris … ? Inversement, vous honorent-ils d'avoir vu juste, d'avoir eu le bon jugement, la bonne attitude... ? Les personnes présentes dans nos rêves sont d'excellents « thermomètres » généralement. Parce qu'elles ont des réactions humaines que nous sommes capables de comprendre, y compris si elles ne nous plaisent pas. Tous ces éléments viendront affiner votre décodage.

De la même façon que précédemment, une même personne (en particulier de votre entourage) n'inspire pas forcément les mêmes ressentis pour vous, pour un ami ou votre conjoint et vos enfants. Nous pouvons parfaitement apprécier un ami qui est perçu comme détestable pour votre compagnon ou votre compagne.

Notez justement ce que vous ne supportez pas ou que vous aimez chez lui/elle. Quelles caractéristiques ou comportements vous apparaissent en premier : admirable ou insupportable. Est-il/elle égoïste, prétentieux(se). Est-il (elle) fiable, de confiance, sage, beau, laid... ? En clair, quel est son comportement de « référence ». Notez pourquoi, ou pour quelle raison vous le trouvez insupportable, adorable etc... Ces informations sont très probablement une des clés majeures de ce que votre Âme souhaite pointer chez **VOUS**. Si dans un rêve, un comportement d'une personne / d'un animal vous irrite, vous déplait, notez que c'est probablement ce comportement chez vous qui doit être analysé ou bien travaillé.

Vous avez parfaitement le droit d'écrire ici qu'un ami, un collègue et même votre conjoint est insupportable, c'est votre journal ! Mais le plus important est de relever quel comportement vous donne de l'urticaire. Cela ne vous fera pas avancer de dire que votre conjoint(e) est jaloux (se) ou idiot(e). En revanche, cela peut être particulièrement bénéfique pour **vous** d'observer ce que cette jalousie produit chez **vous,** c'est probablement plus votre attitude face à cela, que votre âme vous suggère d'étudier. Allez-y de façon très franche avec vous-même : c'est votre journal !

Le cas des animaux

Si des animaux / insectes etc... apparaissent dans vos rêves, la méthode reste la même. Notez ce qu'ils vous inspirent habituellement et ce qu'ils font dans l'action du songe. Nous entendons souvent parler de phobies (araignée, serpent, scorpion...). Comprenez bien que votre Âme ne souhaite pas vous faire peur dans le seul but de vous casser les pieds. Nous l'avons déjà dit plus haut. Elle le fait pour vous signaler quelque chose. Alors, observez la scène, notez l'ensemble de l'environnement, ce qu'il se passe.

Pour les animaux de compagnie « habituels » (chiens, chats,...), il est intéressant de comprendre qu'ils sont considérés comme étant les meilleurs amis de l'homme, ou bien faisant partie de la famille. S'ils ont un comportement agressif ou curieux, notez « le **pourquoi »** : quel événement a déclenché leur attitude / comportement.

Exemple personnel : Il y a quelques années de cela, je n'appréciais pas tellement le chat de la famille. Cette boule de poils me mettait dans des colères noires, en griffant les meubles, les murs (et beaucoup mes mains). Depuis, le temps a fait son œuvre bienfaisante de sagesse. La mini panthère est plus âgée et elle est devenue adorable. Puis, très récemment, je fais le rêve suivant :
« Je surprends cette petite tigresse en train de lacérer ma magnifique voilure tibétaine imprimée d'un Bouddha, que j'affectionne beaucoup. Dans un accès de colère, j'attrape la petite peste et la frappe aussi fort qu'il soit possible d'être stupide sur cette

terre. La féline se tourne vers moi, me fixe très calmement, je dirais même Zen... Surpris de sa réaction décalée, j'arrête de la frapper et la fixe à mon tour. Puis, dans une sorte de grondement de tous les diables, des éclairs dignes du dieu THOR lui sortent des yeux. Elle pousse un hurlement digne d'un volcan vomissant son explosion, en me disant : « Arrête sur le champ » ». Fin du rêve...

Que fallait-il tirer de cela ? Sans refaire l'analyse complète du rêve, mon Âme m'invitait à voir, à comprendre l'effet sur autrui et donc à travailler sur l'émotion de la colère. Comment a-t-elle fait cela ? En m'exposant tout simplement mon propre comportement vu par celui d'une petite chatte qui ne s'est jamais rebellée dans la vraie vie, justement.

Après cette confidence fort intime que je vous livre ici, cher lectrice, cher lecteur, j'espère que cette « virée » au pays des songes un peu honteux à raconter, que je vous confie pour l'exemple, désamorcera un peu votre honte à écrire que des objets, des animaux, des arbres, le vent, des fées, des extraterrestres de tout genres, vous parlent et ont parfois des « pouvoirs divins », qu'ils soient Celtes d'Hyperborée, ou d'ailleurs ...

9- Dernière scène et dernier sentiment perçu		
Scène	Emotions / Sentiments	Agréable / Désagréable / Anomalie
Je suis bloqué dans le fossé, seul avec ma famille qui pleure. Personne ne nous vient en aide	*Je suis honteux, j'ai mis ma famille en danger, je m'en veux, je me sens irresponsable, tout est ma faute. Je regrette.*	*Le camping-car est détruit, ma famille m'en veut. Mon ami Emmanuel me dit : « On t'a pourtant suffisamment prévenu, qu'est-ce qu'il te prend ? »*

Cette dernière partie de la fiche est, sans aucun doute, la plus importante de toutes. C'est la conclusion de votre rêve, c'est ce qu'il faut absolument comprendre et intégrer. C'est une sorte de « morale de l'histoire ». C'est en tout cas une probabilité dans le champ des possibles (avenirs ou actuels).

Prenez bien le temps d'identifier toutes vos impressions, vos émotions, tout ce qu'il se passe **autour de vous et en vous**. Cela vous aidera grandement à décoder ce qu'il faut penser de votre rêve. Cette liste d'émotions finales est probablement ce que l'on vous amène à travailler ou à voir de vous ; l'état dans lequel vous seriez si vous continuez dans la direction choisie. Que cela soit pour vous bénéfique ou non.

Dans ce cas précis, j'ai choisi d'insister malgré les avertissements évidents. Le résultat est que cela ne m'a pas profité du tout. Ceci m'amène donc à reconsidérer ou à évaluer le ou les risques symboliques encourus. Dans un cas plus positif, cela m'amènerait probablement à me préserver, au contraire. Voyez-vous l'importance de la « dernière » sensation du songe ?

❶ ❿

10- Caractéristiques du rêve				
Récurrent	Oui ☐	Non ☐	Quel élément l'indiquerait	
Informatif	Oui ☐	Non ☐	Quel élément l'indiquerait	
Prédictif	Oui ☐	Non ☐	Quel élément l'indiquerait	
Solution	Oui ☐	Non ☐	Quel élément l'indiquerait	
Evolutionnaire	Oui ☐	Non ☐	Quel élément l'indiquerait	
Quelle évolution ? Qu'avez-vous appris ?				
Spirituel / Mystique		Oui ☐	Non ☐	Elément reconnu
Si oui, quels êtres ? (Guides spirituels / Anges gardiens, Archanges, êtres ascensionnés ?)				
Êtres : Qui / Quoi ?		Elément reconnu ?		Qu'a-t-il-fait ou dit ? Actions ?
Autres caractéristiques				

Dans cette partie, notez ce dont vous êtes sûr sur l'instant, ne projetez pas, ne concluez pas trop vite. Cette zone est a priori plutôt réservée à vos relectures et analyses ultérieures. Ce que vous pourriez faire, un ou deux jour(s) plus tard, une semaine voire un mois après. Car en effet, il peut vous paraître difficile sur l'instant de dire si un rêve est prémonitoire ou prédictif par exemple.

Lorsque l'on débute, nous n'avons pas encore toutes les clés pour identifier à l'avance l'aspect prédictif ou informatif d'un rêve. Ce point ne pourra que se vérifier avec le temps, mais bientôt vous verrez qu'un élément va se démarquer et il vous indiquera s'il s'agit d'un rêve prémonitoire ou informatif. Chacun étant différent, je ne peux malheureusement pas vous donner l'élément clé, qui vous est personnel.

De la même façon, identifier **pour vous** qu'un rêve est la solution à un problème que vous avez semble plus qu'hasardeux. Je pourrais cependant signaler que lorsqu'apparaît une solution à l'un de vos problèmes, vous aurez la sensation du fameux « Eureka » à votre réveil. Avec un certain sentiment d'apaisement et de satisfaction.

Concernant la sous-partie spirituelle ou mystique, c'est un peu compliqué de donner une clé unique permettant d'avaliser l'aspect spirituel ou religieux pour **vous**. Notez simplement que lorsque nous sommes en présence de guides spirituels ou d'êtres ascensionnés et lumineux, nous reconnaissons très bien l'aspect rayonnant et inconditionnel de leur amour, de leur respect... C'est un sentiment indescriptible mais pour le coup, tout à fait infaillible. Vous saurez !

Ces êtres issus des plans subtils peuvent parfaitement prendre l'apparence qu'ils auront choisie pour mieux faire passer leurs messages. Ils peuvent tout à fait avoir l'apparence humaine, animale (chamanique), ou bien simplement d'une structure lumineuse sans forme réelle. L'idée pour eux étant de ne pas vous choquer, tout en souhaitant transmettre leurs informations le plus clairement possible.

11- Résumé du rêve en 7-8 lignes max. (à la première rédaction)

Je monte dans un camping-car (j'éprouve une joie immense de pouvoir librement voyager et m'offrir des vacances), il n'y a ni volant ni freins, mais je décide de le voler malgré tout (c'est une anomalie, mais je n'éprouve aucun regret et aucune crainte), je fais quelques dizaines de mètres et, évidemment, j'ai un accident et je reste bloqué avec ma famille (qui pleure) dans le fossé. Mon ami Emmanuel ne m'aide pas, il est là avec un inconnu qui a peur et est en colère. Mon ami agacé me dit « on t'a assez prévenu ». Je suis honteux, c'est totalement ma faute, j'ai mis ma famille en danger, je regrette et pourtant j'avais les moyens d'anticiper ce qui est évidemment arrivé, il n'y a aucune logique de voler un camping-car sans volant ni freins, c'était évidemment dangereux, mais je ne me suis pas écouté.

Cet encart ne présente aucune difficulté particulière, puisqu'il est justement fait pour être libre. C'est d'ailleurs la zone la plus traditionnelle que l'on puisse trouver dans les cahiers de journalisation de rêves. Cependant, il peut être bénéfique de rester concis. C'est pour cette raison que la zone à disposition est relativement petite. L'idée étant de s'obliger à garder l'essentiel des déroulés de votre rêve. Vous verrez avec le temps que rédiger de grandes proses n'apporte pas beaucoup plus d'informations importantes. Ceci étant dit, sentez-vous libre, bien sûr, de procéder de la façon qui vous parle le plus.

❶❷

12- Compléments / analyse & décodage (après relecture ou les jours d'après)

Dans la vie réelle : le soir, discussion importante avec ma femme concernant la liberté, ainsi que sur mon envie d'investir. J'ai minimisé les éventuels problèmes, j'ai insisté. Analyse du rêve : Le camping-car (symbolique de liberté pour MOI) est sans volant ni freins + la voiture (très chère) déjà dans le fossé (blocage). Ceci m'avertit déjà que mes envies sont bancales et hasardeuses en l'état. Si j'insiste, j'irai aux devant de soucis (et cela impactera ma famille). J'ai une fausse joie au début, et mes regrets ou les dangers à venir sont évidents. Ce rêve m'invite à reconsidérer mes volontés de liberté et de ne pas insister pour investir : c'est trop hasardeux. Je n'investirai pas ! Je réviserai mon plan de liberté. Ensuite, ce que j'ai vraiment fait dans le monde réel : aucun investissement ! Donc aucun souci de cet ordre... Révision de ma soi-disant sensation de liberté.

Cette zone est spécifiquement réservée à vos relectures et vos décodages. Il est particulièrement intéressant de se repencher sur un rêve passé de plusieurs jours ou de plusieurs semaines. En effet, plus le temps va passer et plus votre décodage, votre propre méthode va aller en s'affinant. Vous constaterez bientôt, que vous comprendrez des choses que vous n'aurez pas intégrées au moment de la première rédaction. C'est parfaitement normal, c'est pourquoi cette zone vous invite à revenir plusieurs fois sur votre rêve. Nous fonctionnons comme cela, c'est un fait. De la même façon que si nous relisons plusieurs fois un même livre, nous comprenons des éléments incompris auparavant. Relisez, ré-analysez autant de fois que vous le voulez.

❶❸

13- Qu'avez-vous appris / identifié (après relecture ou les jours d'après)
• Consulter son subconscient / Âme avant de prendre des décisions importantes
• Le symbole du camping-car m'évoque clairement la liberté.
• La voiture de luxe évoque : le cher, l'argent.
• Le fossé évoque le blocage, le risque, le danger.
• Mon ami Emmanuel évoque la sagesse ? (Confirmé avec le rêve sur les enfants indigos du 13/06/2019, et celui de la nébuleuse d'Orion rouge le 01/02/2020)
Le sentiment de culpabilité en fin de rêve (fin qui résume très souvent l'issue) est à bien garder en tête, si j'insiste encore pour investir (pour ma pseudo liberté) en ce moment, je vais droit dans les ennuis, les blocages, la perte de liberté, les difficultés financières.

Cette zone est également réservée à vos ré-analyses ultérieures. Complétez ici votre décodage, riche de plusieurs jours ou de plusieurs semaines de « décantation ». Encore une fois, vous constaterez très vite que votre subtilité de compréhension va toujours aller en grandissant. J'affirme ici que ces deux dernières zones sont primordiales pour l'auto-construction de votre décodeur personnel. N'ayez aucune crainte de vous tromper, surtout à vos débuts. Vous corrigerez naturellement, l'expérience grandissant. Ne soyez pas trop dur envers vous-même. Osez vous tromper, vous égarer. Tout ceci ira en s'affinant, cela ne fait **aucun doute !** Il se peut, par exemple, que vous ayez compris sur le coup qu'un collègue vous montrait comment travailler sur la honte ; alors qu'en réalité, il s'agit d'un traître, tout bonnement jaloux de vous. C'est pourquoi, il faut revenir sur ce que vous avez identifié dans vos rêves précédents, lorsque vous apprenez à vous décoder.

Dernières recommandations

Comme mentionné plus haut, décoder ses rêves n'est pas une chose très difficile en soi, mais il faut un peu de persévérance et d'honnêteté avec soi. Au départ, il est fort bénéfique de programmer (suggérer) des rêves simples ou ne comportant qu'une ou deux questions. Questionnez ou affirmez avec le cœur des émotions faciles à identifier : « Mon âme : montre-moi stp la joie » puis réitérez de nouveau le lendemain : « Mon âme : montre-moi stp la colère ». Si vous ne comprenez pas la réponse, reposez la question autant de fois que nécessaire, jusqu'à ce que vous compreniez.

N'hésitez pas non plus à affirmer et à décider de votre apprentissage : « Mon Âme, à partir de maintenant, je me souviens de mes rêves » ou « Mon Âme ou mes Guides : enseignez-moi ceci svp ». Ou encore : « Cette nuit, je me ressource auprès de mon créateur » ; « cette nuit j'identifie la solution à mon problème de ... ». Osez toutes les configurations.

N'hésitez pas non plus à questionner les « réponses » que vous obtenez pour affiner leurs sens. Avec l'habitude, si vous questionnez le rêve fraîchement terminé, vous aurez probablement même des flashs visuels : si vous restez encore alité pendant quelques minutes, les yeux toujours fermés et sans trop bouger, ces instants-là sont très instructifs. Osez, apprenez, questionnez, notez tout, trompez-vous, mais faites de **précieux** rêves...

Comment remplir mon décodeur personnel ?

En fin de cahier (page 124), vous trouverez un tableau vous permettant de remplir les correspondances ou les décodages que vous allez petit à petit construire. Il s'agit d'un exemple de tableau organisé alphabétiquement par mots, qu'il s'agisse d'actions, d'objets, de personnes, d'émotions, ou tout ce qui vous conviendra le mieux.

Bien entendu, vous ne sauriez remplir ce tableau dans un ordre alphabétique absolu, puisque les éléments à y intégrer viendront avec le temps. Mais organisez-le au moins par la première lettre du mot à répertorier. En effet, sans que cela ne soit parfait, cela vous permettra malgré tout une certaine organisation de type dictionnaire.

Ceci étant dit, soyez assuré qu'avec le temps, vous n'aurez plus besoin de cette zone de « décodeur personnel » car vous connaitrez parfaitement vos clés de décodage personnelles. Ce tableau est mis à disposition pour aider vos débuts. Sentez-vous libre de l'adapter à vos besoins.

Lettre A		
Eléments	1er décodage	2nd décodage (décodage + fin)
Abeille	Miel, pollen	Fertilisation naturelle

Lettre C		
Eléments	Premier décodage	2nd décodage (décodage + fin)
Camping-car	Vacances	Liberté

...

Lettre Z		
Eléments	Premier décodage	2nd décodage (décodage + fin)
Zèbre	Afrique, crocodile	Attaqué, proie de prédateurs
Zigzag	Chemin erratique	Retrouver sa voix

Votre journal des rêves : commençons, maintenant ...

1 Date et titre du rêve

Date		Titre	

2 Evénements importants antérieurs

A	
B	
C	

3 Suggestions/ pré-conditionnement du prochain rêve à faire

A	
B	
C	

4 Environnement / Ambiance / Lieu

A	
B	

5 Actions principales (Verbes d'actions)

Actions	Objectifs	Complément / Anomalie

6 Objets / Eléments

Objets remarqués	Signification / Sens habituels	Complément / Anomalie

7 Emotions / sentiments perçus au moment des actions ou à la vue des objets

Actions / Objets	Emotions / Sentiments	Complément / Anomalie

8 Personnes / Animaux / Autres êtres apparaissant dans le rêve

Qui / quoi	Représentation habituelle	Que fait/dit-il ?

9 Dernière scène et dernier sentiment perçu

Scène	Emotions / Sentiments	Agréable / Désagréable / Anomalie

10 Caractéristiques du rêve

Récurrent	Oui ☐	Non ☐	Quel élément l'indiquerait	
Informatif	Oui ☐	Non ☐	Quel élément l'indiquerait	
Prédictif	Oui ☐	Non ☐	Quel élément l'indiquerait	
Solution	Oui ☐	Non ☐	Quel élément l'indiquerait	
Evolutionnaire	Oui ☐	Non ☐	Quel élément l'indiquerait	
Quelle évolution ? Qu'avez-vous appris ?				
Spirituel / Mystique	Oui ☐	Non ☐	Elément reconnu	
Si oui, quels êtres ? (Guides spirituels / Anges gardiens, Archanges, êtres ascensionnés ?)				
Êtres : Qui / Quoi ?	Elément reconnu ?		Qu'a-t-il-fait ou dit ? Actions ?	
Autres caractéristiques				

11 Résumé du rêve en 7-8 lignes max. (à la première rédaction)

12 Compléments / analyse & décodage (après relecture ou les jours d'après)

13 Qu'avez appris / identifié (après relecture ou les jours d'après)

1 Date et titre du rêve				
Date		Titre		

2 Evénements importants antérieurs	
A	
B	
C	

3 Suggestions/ pré-conditionnement du prochain rêve à faire	
A	
B	
C	

4 Environnement / Ambiance / Lieu	
A	
B	

5 Actions principales (Verbes d'actions)		
Actions	Objectifs	Complément / Anomalie

6 Objets / Eléments		
Objets remarqués	Signification / Sens habituels	Complément / Anomalie

7 Emotions / sentiments perçus au moment des actions ou à la vue des objets		
Actions / Objets	Emotions / Sentiments	Complément / Anomalie

8 Personnes / Animaux / Autres êtres apparaissant dans le rêve		
Qui / quoi	Représentation habituelle	Que fait/dit-il ?

9 Dernière scène et dernier sentiment perçu		
Scène	Emotions / Sentiments	Agréable / Désagréable / Anomalie

10 Caractéristiques du rêve

Récurrent	Oui ☐	Non ☐	Quel élément l'indiquerait	
Informatif	Oui ☐	Non ☐	Quel élément l'indiquerait	
Prédictif	Oui ☐	Non ☐	Quel élément l'indiquerait	
Solution	Oui ☐	Non ☐	Quel élément l'indiquerait	
Evolutionnaire	Oui ☐	Non ☐	Quel élément l'indiquerait	
Quelle évolution ? Qu'avez-vous appris ?				
Spirituel / Mystique	Oui ☐	Non ☐	Elément reconnu	
Si oui, quels êtres ? (Guides spirituels / Anges gardiens, Archanges, êtres ascensionnés ?)				

Êtres : Qui / Quoi ?	Elément reconnu ?	Qu'a-t-il-fait ou dit ? Actions ?

Autres caractéristiques	

11 Résumé du rêve en 7-8 lignes max. (à la première rédaction)

12 Compléments / analyse & décodage (après relecture ou les jours d'après)

13 Qu'avez appris / identifié (après relecture ou les jours d'après)

1 Date et titre du rêve

Date		Titre	

2 Evénements importants antérieurs

A	
B	
C	

3 Suggestions/ pré-conditionnement du prochain rêve à faire

A	
B	
C	

4 Environnement / Ambiance / Lieu

A	
B	

5 Actions principales (Verbes d'actions)

Actions	Objectifs	Complément / Anomalie

6 Objets / Eléments

Objets remarqués	Signification / Sens habituels	Complément / Anomalie

7 Emotions / sentiments perçus au moment des actions ou à la vue des objets

Actions / Objets	Emotions / Sentiments	Complément / Anomalie

8 Personnes / Animaux / Autres êtres apparaissant dans le rêve

Qui / quoi	Représentation habituelle	Que fait/dit-il ?

9 Dernière scène et dernier sentiment perçu

Scène	Emotions / Sentiments	Agréable / Désagréable / Anomalie

10 Caractéristiques du rêve

Récurrent	Oui ☐	Non ☐	Quel élément l'indiquerait	
Informatif	Oui ☐	Non ☐	Quel élément l'indiquerait	
Prédictif	Oui ☐	Non ☐	Quel élément l'indiquerait	
Solution	Oui ☐	Non ☐	Quel élément l'indiquerait	
Evolutionnaire	Oui ☐	Non ☐	Quel élément l'indiquerait	
Quelle évolution ? Qu'avez-vous appris ?				
Spirituel / Mystique		Oui ☐	Non ☐	Elément reconnu

Si oui, quels êtres ? (Guides spirituels / Anges gardiens, Archanges, êtres ascensionnés ?)

Êtres : Qui / Quoi ?	Elément reconnu ?	Qu'a-t-il-fait ou dit ? Actions ?
Autres caractéristiques		

11 Résumé du rêve en 7-8 lignes max. (à la première rédaction)

12 Compléments / analyse & décodage (après relecture ou les jours d'après)

13 Qu'avez appris / identifié (après relecture ou les jours d'après)

1 Date et titre du rêve				
Date		Titre		

2 Evénements importants antérieurs

A	
B	
C	

3 Suggestions/ pré-conditionnement du prochain rêve à faire

A	
B	
C	

4 Environnement / Ambiance / Lieu

A	
B	

5 Actions principales (Verbes d'actions)

Actions	Objectifs	Complément / Anomalie

6 Objets / Eléments

Objets remarqués	Signification / Sens habituels	Complément / Anomalie

7 Emotions / sentiments perçus au moment des actions ou à la vue des objets

Actions / Objets	Emotions / Sentiments	Complément / Anomalie

8 Personnes / Animaux / Autres êtres apparaissant dans le rêve

Qui / quoi	Représentation habituelle	Que fait/dit-il ?

9 Dernière scène et dernier sentiment perçu

Scène	Emotions / Sentiments	Agréable / Désagréable / Anomalie

10 Caractéristiques du rêve

Récurrent	Oui ☐	Non ☐	Quel élément l'indiquerait	
Informatif	Oui ☐	Non ☐	Quel élément l'indiquerait	
Prédictif	Oui ☐	Non ☐	Quel élément l'indiquerait	
Solution	Oui ☐	Non ☐	Quel élément l'indiquerait	
Evolutionnaire	Oui ☐	Non ☐	Quel élément l'indiquerait	
Quelle évolution ? Qu'avez-vous appris ?				
Spirituel / Mystique	Oui ☐	Non ☐	Elément reconnu	

Si oui, quels êtres ? (Guides spirituels / Anges gardiens, Archanges, êtres ascensionnés ?)

Êtres : Qui / Quoi ?	Elément reconnu ?	Qu'a-t-il-fait ou dit ? Actions ?
Autres caractéristiques		

11 Résumé du rêve en 7-8 lignes max. (à la première rédaction)

12 Compléments / analyse & décodage (après relecture ou les jours d'après)

13 Qu'avez appris / identifié (après relecture ou les jours d'après)

1 Date et titre du rêve				
Date		Titre		

2 Evénements importants antérieurs
A	
B	
C	

3 Suggestions/ pré-conditionnement du prochain rêve à faire
A	
B	
C	

4 Environnement / Ambiance / Lieu
A	
B	

5 Actions principales (Verbes d'actions)		
Actions	Objectifs	Complément / Anomalie

6 Objets / Eléments		
Objets remarqués	Signification / Sens habituels	Complément / Anomalie

7 Emotions / sentiments perçus au moment des actions ou à la vue des objets		
Actions / Objets	Emotions / Sentiments	Complément / Anomalie

8 Personnes / Animaux / Autres êtres apparaissant dans le rêve		
Qui / quoi	Représentation habituelle	Que fait/dit-il ?

9 Dernière scène et dernier sentiment perçu		
Scène	Emotions / Sentiments	Agréable / Désagréable / Anomalie

10 Caractéristiques du rêve

Récurrent	Oui ☐	Non ☐	Quel élément l'indiquerait	
Informatif	Oui ☐	Non ☐	Quel élément l'indiquerait	
Prédictif	Oui ☐	Non ☐	Quel élément l'indiquerait	
Solution	Oui ☐	Non ☐	Quel élément l'indiquerait	
Evolutionnaire	Oui ☐	Non ☐	Quel élément l'indiquerait	
Quelle évolution ? Qu'avez-vous appris ?				
Spirituel / Mystique		Oui ☐	Non ☐	Elément reconnu	

Si oui, quels êtres ? (Guides spirituels / Anges gardiens, Archanges, êtres ascensionnés ?)

Êtres : Qui / Quoi ?	Elément reconnu ?	Qu'a-t-il-fait ou dit ? Actions ?

Autres caractéristiques	

11 Résumé du rêve en 7-8 lignes max. (à la première rédaction)

12 Compléments / analyse & décodage (après relecture ou les jours d'après)

13 Qu'avez appris / identifié (après relecture ou les jours d'après)

1 Date et titre du rêve				
Date		Titre		

2 Evénements importants antérieurs
A	
B	
C	

2 Evénements importants antérieurs

A	
B	
C	

3 Suggestions/ pré-conditionnement du prochain rêve à faire

A	
B	
C	

4 Environnement / Ambiance / Lieu

A	
B	

5 Actions principales (Verbes d'actions)

Actions	Objectifs	Complément / Anomalie

6 Objets / Eléments

Objets remarqués	Signification / Sens habituels	Complément / Anomalie

7 Emotions / sentiments perçus au moment des actions ou à la vue des objets

Actions / Objets	Emotions / Sentiments	Complément / Anomalie

8 Personnes / Animaux / Autres êtres apparaissant dans le rêve

Qui / quoi	Représentation habituelle	Que fait/dit-il ?

9 Dernière scène et dernier sentiment perçu

Scène	Emotions / Sentiments	Agréable / Désagréable / Anomalie

10 Caractéristiques du rêve

Récurrent	Oui ☐	Non ☐	Quel élément l'indiquerait	
Informatif	Oui ☐	Non ☐	Quel élément l'indiquerait	
Prédictif	Oui ☐	Non ☐	Quel élément l'indiquerait	
Solution	Oui ☐	Non ☐	Quel élément l'indiquerait	
Evolutionnaire	Oui ☐	Non ☐	Quel élément l'indiquerait	
Quelle évolution ? Qu'avez-vous appris ?				
Spirituel / Mystique		Oui ☐	Non ☐	Elément reconnu

Si oui, quels êtres ? (Guides spirituels / Anges gardiens, Archanges, êtres ascensionnés ?)		
Êtres : Qui / Quoi ?	Elément reconnu ?	Qu'a-t-il-fait ou dit ? Actions ?
Autres caractéristiques		

11 Résumé du rêve en 7-8 lignes max. (à la première rédaction)

12 Compléments / analyse & décodage (après relecture ou les jours d'après)

13 Qu'avez appris / identifié (après relecture ou les jours d'après)

1 Date et titre du rêve				
Date		Titre		

2 Evénements importants antérieurs	
A	
B	
C	

3 Suggestions/ pré-conditionnement du prochain rêve à faire	
A	
B	
C	

4 Environnement / Ambiance / Lieu	
A	
B	

5 Actions principales (Verbes d'actions)		
Actions	Objectifs	Complément / Anomalie

6 Objets / Eléments		
Objets remarqués	Signification / Sens habituels	Complément / Anomalie

7 Emotions / sentiments perçus au moment des actions ou à la vue des objets		
Actions / Objets	Emotions / Sentiments	Complément / Anomalie

8 Personnes / Animaux / Autres êtres apparaissant dans le rêve		
Qui / quoi	Représentation habituelle	Que fait/dit-il ?

9 Dernière scène et dernier sentiment perçu		
Scène	Emotions / Sentiments	Agréable / Désagréable / Anomalie

10 Caractéristiques du rêve

Récurrent	Oui ☐	Non ☐	Quel élément l'indiquerait	
Informatif	Oui ☐	Non ☐	Quel élément l'indiquerait	
Prédictif	Oui ☐	Non ☐	Quel élément l'indiquerait	
Solution	Oui ☐	Non ☐	Quel élément l'indiquerait	
Evolutionnaire	Oui ☐	Non ☐	Quel élément l'indiquerait	
Quelle évolution ? Qu'avez-vous appris ?				

Spirituel / Mystique	Oui ☐	Non ☐	Elément reconnu	
Si oui, quels êtres ? (Guides spirituels / Anges gardiens, Archanges, êtres ascensionnés ?)				
Êtres : Qui / Quoi ?	Elément reconnu ?		Qu'a-t-il-fait ou dit ? Actions ?	
Autres caractéristiques				

11 Résumé du rêve en 7-8 lignes max. (à la première rédaction)

12 Compléments / analyse & décodage (après relecture ou les jours d'après)

13 Qu'avez appris / identifié (après relecture ou les jours d'après)

1 Date et titre du rêve				
Date		Titre		

2 Evénements importants antérieurs	
A	
B	
C	

3 Suggestions/ pré-conditionnement du prochain rêve à faire	
A	
B	
C	

4 Environnement / Ambiance / Lieu	
A	
B	

5 Actions principales (Verbes d'actions)		
Actions	Objectifs	Complément / Anomalie

6 Objets / Eléments		
Objets remarqués	Signification / Sens habituels	Complément / Anomalie

7 Emotions / sentiments perçus au moment des actions ou à la vue des objets		
Actions / Objets	Emotions / Sentiments	Complément / Anomalie

8 Personnes / Animaux / Autres êtres apparaissant dans le rêve		
Qui / quoi	Représentation habituelle	Que fait/dit-il ?

9 Dernière scène et dernier sentiment perçu		
Scène	Emotions / Sentiments	Agréable / Désagréable / Anomalie

10 Caractéristiques du rêve

Récurrent	Oui ☐	Non ☐	Quel élément l'indiquerait	
Informatif	Oui ☐	Non ☐	Quel élément l'indiquerait	
Prédictif	Oui ☐	Non ☐	Quel élément l'indiquerait	
Solution	Oui ☐	Non ☐	Quel élément l'indiquerait	
Evolutionnaire	Oui ☐	Non ☐	Quel élément l'indiquerait	
Quelle évolution ? Qu'avez-vous appris ?				
Spirituel / Mystique		Oui ☐	Non ☐	Elément reconnu	

Si oui, quels êtres ? (Guides spirituels / Anges gardiens, Archanges, êtres ascensionnés ?)

Êtres : Qui / Quoi ?	Elément reconnu ?	Qu'a-t-il-fait ou dit ? Actions ?
Autres caractéristiques		

11 Résumé du rêve en 7-8 lignes max. (à la première rédaction)

12 Compléments / analyse & décodage (après relecture ou les jours d'après)

13 Qu'avez appris / identifié (après relecture ou les jours d'après)

1 Date et titre du rêve

Date		Titre	

2 Evénements importants antérieurs

A	
B	
C	

3 Suggestions/ pré-conditionnement du prochain rêve à faire

A	
B	
C	

4 Environnement / Ambiance / Lieu

A	
B	

5 Actions principales (Verbes d'actions)

Actions	Objectifs	Complément / Anomalie

6 Objets / Eléments

Objets remarqués	Signification / Sens habituels	Complément / Anomalie

7 Emotions / sentiments perçus au moment des actions ou à la vue des objets

Actions / Objets	Emotions / Sentiments	Complément / Anomalie

8 Personnes / Animaux / Autres êtres apparaissant dans le rêve

Qui / quoi	Représentation habituelle	Que fait/dit-il ?

9 Dernière scène et dernier sentiment perçu

Scène	Emotions / Sentiments	Agréable / Désagréable / Anomalie

10 Caractéristiques du rêve

Récurrent	Oui ☐	Non ☐	Quel élément l'indiquerait	
Informatif	Oui ☐	Non ☐	Quel élément l'indiquerait	
Prédictif	Oui ☐	Non ☐	Quel élément l'indiquerait	
Solution	Oui ☐	Non ☐	Quel élément l'indiquerait	
Evolutionnaire	Oui ☐	Non ☐	Quel élément l'indiquerait	
Quelle évolution ? Qu'avez-vous appris ?				
Spirituel / Mystique	Oui ☐	Non ☐	Elément reconnu	

Si oui, quels êtres ? (Guides spirituels / Anges gardiens, Archanges, êtres ascensionnés ?)		
Êtres : Qui / Quoi ?	Elément reconnu ?	Qu'a-t-il-fait ou dit ? Actions ?
Autres caractéristiques		

11 Résumé du rêve en 7-8 lignes max. (à la première rédaction)

12 Compléments / analyse & décodage (après relecture ou les jours d'après)

13 Qu'avez appris / identifié (après relecture ou les jours d'après)

1 Date et titre du rêve				
Date		Titre		

2 Evénements importants antérieurs	
A	
B	
C	

3 Suggestions/ pré-conditionnement du prochain rêve à faire	
A	
B	
C	

4 Environnement / Ambiance / Lieu	
A	
B	

5 Actions principales (Verbes d'actions)		
Actions	Objectifs	Complément / Anomalie

6 Objets / Eléments		
Objets remarqués	Signification / Sens habituels	Complément / Anomalie

7 Emotions / sentiments perçus au moment des actions ou à la vue des objets		
Actions / Objets	Emotions / Sentiments	Complément / Anomalie

8 Personnes / Animaux / Autres êtres apparaissant dans le rêve		
Qui / quoi	Représentation habituelle	Que fait/dit-il ?

9 Dernière scène et dernier sentiment perçu		
Scène	Emotions / Sentiments	Agréable / Désagréable / Anomalie

10 Caractéristiques du rêve

Récurrent	Oui ☐	Non ☐	Quel élément l'indiquerait	
Informatif	Oui ☐	Non ☐	Quel élément l'indiquerait	
Prédictif	Oui ☐	Non ☐	Quel élément l'indiquerait	
Solution	Oui ☐	Non ☐	Quel élément l'indiquerait	
Evolutionnaire	Oui ☐	Non ☐	Quel élément l'indiquerait	
Quelle évolution ? Qu'avez-vous appris ?				
Spirituel / Mystique	Oui ☐	Non ☐	Elément reconnu	

Si oui, quels êtres ? (Guides spirituels / Anges gardiens, Archanges, êtres ascensionnés ?)

Êtres : Qui / Quoi ?	Elément reconnu ?	Qu'a-t-il-fait ou dit ? Actions ?
Autres caractéristiques		

11 Résumé du rêve en 7-8 lignes max. (à la première rédaction)

12 Compléments / analyse & décodage (après relecture ou les jours d'après)

13 Qu'avez appris / identifié (après relecture ou les jours d'après)

1 Date et titre du rêve

Date		Titre	

2 Evénements importants antérieurs

A	
B	
C	

3 Suggestions/ pré-conditionnement du prochain rêve à faire

A	
B	
C	

4 Environnement / Ambiance / Lieu

A	
B	

5 Actions principales (Verbes d'actions)

Actions	Objectifs	Complément / Anomalie

6 Objets / Eléments

Objets remarqués	Signification / Sens habituels	Complément / Anomalie

7 Emotions / sentiments perçus au moment des actions ou à la vue des objets

Actions / Objets	Emotions / Sentiments	Complément / Anomalie

8 Personnes / Animaux / Autres êtres apparaissant dans le rêve

Qui / quoi	Représentation habituelle	Que fait/dit-il ?

9 Dernière scène et dernier sentiment perçu

Scène	Emotions / Sentiments	Agréable / Désagréable / Anomalie

10 Caractéristiques du rêve

Récurrent	Oui ☐	Non ☐	Quel élément l'indiquerait	
Informatif	Oui ☐	Non ☐	Quel élément l'indiquerait	
Prédictif	Oui ☐	Non ☐	Quel élément l'indiquerait	
Solution	Oui ☐	Non ☐	Quel élément l'indiquerait	
Evolutionnaire	Oui ☐	Non ☐	Quel élément l'indiquerait	
Quelle évolution ? Qu'avez-vous appris ?				

Spirituel / Mystique	Oui ☐	Non ☐	Elément reconnu	

Si oui, quels êtres ? (Guides spirituels / Anges gardiens, Archanges, êtres ascensionnés ?)

Êtres : Qui / Quoi ?	Elément reconnu ?	Qu'a-t-il-fait ou dit ? Actions ?
Autres caractéristiques		

11 Résumé du rêve en 7-8 lignes max. (à la première rédaction)

12 Compléments / analyse & décodage (après relecture ou les jours d'après)

13 Qu'avez appris / identifié (après relecture ou les jours d'après)

1 Date et titre du rêve

Date		Titre	

2 Evénements importants antérieurs

A	
B	
C	

3 Suggestions/ pré-conditionnement du prochain rêve à faire

A	
B	
C	

4 Environnement / Ambiance / Lieu

A	
B	

5 Actions principales (Verbes d'actions)

Actions	Objectifs	Complément / Anomalie

6 Objets / Eléments

Objets remarqués	Signification / Sens habituels	Complément / Anomalie

7 Emotions / sentiments perçus au moment des actions ou à la vue des objets

Actions / Objets	Emotions / Sentiments	Complément / Anomalie

8 Personnes / Animaux / Autres êtres apparaissant dans le rêve

Qui / quoi	Représentation habituelle	Que fait/dit-il ?

9 Dernière scène et dernier sentiment perçu

Scène	Emotions / Sentiments	Agréable / Désagréable / Anomalie

10 Caractéristiques du rêve

Récurrent	Oui ☐	Non ☐	Quel élément l'indiquerait	
Informatif	Oui ☐	Non ☐	Quel élément l'indiquerait	
Prédictif	Oui ☐	Non ☐	Quel élément l'indiquerait	
Solution	Oui ☐	Non ☐	Quel élément l'indiquerait	
Evolutionnaire	Oui ☐	Non ☐	Quel élément l'indiquerait	
Quelle évolution ? Qu'avez-vous appris ?				
Spirituel / Mystique		Oui ☐	Non ☐	Elément reconnu
Si oui, quels êtres ? (Guides spirituels / Anges gardiens, Archanges, êtres ascensionnés ?)				
Êtres : Qui / Quoi ?		Elément reconnu ?	Qu'a-t-il-fait ou dit ? Actions ?	
Autres caractéristiques				

11 Résumé du rêve en 7-8 lignes max. (à la première rédaction)

12 Compléments / analyse & décodage (après relecture ou les jours d'après)

13 Qu'avez appris / identifié (après relecture ou les jours d'après)

1 Date et titre du rêve

Date		Titre	

2 Evénements importants antérieurs

A	
B	
C	

3 Suggestions/ pré-conditionnement du prochain rêve à faire

A	
B	
C	

4 Environnement / Ambiance / Lieu

A	
B	

5 Actions principales (Verbes d'actions)

Actions	Objectifs	Complément / Anomalie

6 Objets / Eléments

Objets remarqués	Signification / Sens habituels	Complément / Anomalie

7 Emotions / sentiments perçus au moment des actions ou à la vue des objets

Actions / Objets	Emotions / Sentiments	Complément / Anomalie

8 Personnes / Animaux / Autres êtres apparaissant dans le rêve

Qui / quoi	Représentation habituelle	Que fait/dit-il ?

9 Dernière scène et dernier sentiment perçu

Scène	Emotions / Sentiments	Agréable / Désagréable / Anomalie

10 Caractéristiques du rêve

Récurrent	Oui ☐	Non ☐	Quel élément l'indiquerait	
Informatif	Oui ☐	Non ☐	Quel élément l'indiquerait	
Prédictif	Oui ☐	Non ☐	Quel élément l'indiquerait	
Solution	Oui ☐	Non ☐	Quel élément l'indiquerait	
Evolutionnaire	Oui ☐	Non ☐	Quel élément l'indiquerait	
Quelle évolution ? Qu'avez-vous appris ?				
Spirituel / Mystique		Oui ☐	Non ☐	Elément reconnu

Si oui, quels êtres ? (Guides spirituels / Anges gardiens, Archanges, êtres ascensionnés ?)

Êtres : Qui / Quoi ?	Elément reconnu ?	Qu'a-t-il-fait ou dit ? Actions ?
Autres caractéristiques		

11 Résumé du rêve en 7-8 lignes max. (à la première rédaction)

12 Compléments / analyse & décodage (après relecture ou les jours d'après)

13 Qu'avez appris / identifié (après relecture ou les jours d'après)

1 Date et titre du rêve

Date		Titre	

2 Evénements importants antérieurs

A	
B	
C	

3 Suggestions/ pré-conditionnement du prochain rêve à faire

A	
B	
C	

4 Environnement / Ambiance / Lieu

A	
B	

5 Actions principales (Verbes d'actions)

Actions	Objectifs	Complément / Anomalie

6 Objets / Eléments

Objets remarqués	Signification / Sens habituels	Complément / Anomalie

7 Emotions / sentiments perçus au moment des actions ou à la vue des objets

Actions / Objets	Emotions / Sentiments	Complément / Anomalie

8 Personnes / Animaux / Autres êtres apparaissant dans le rêve

Qui / quoi	Représentation habituelle	Que fait/dit-il ?

9 Dernière scène et dernier sentiment perçu

Scène	Emotions / Sentiments	Agréable / Désagréable / Anomalie

10 Caractéristiques du rêve

Récurrent	Oui ☐	Non ☐	Quel élément l'indiquerait	
Informatif	Oui ☐	Non ☐	Quel élément l'indiquerait	
Prédictif	Oui ☐	Non ☐	Quel élément l'indiquerait	
Solution	Oui ☐	Non ☐	Quel élément l'indiquerait	
Evolutionnaire	Oui ☐	Non ☐	Quel élément l'indiquerait	
Quelle évolution ? Qu'avez-vous appris ?				
Spirituel / Mystique	Oui ☐	Non ☐	Elément reconnu	
Si oui, quels êtres ? (Guides spirituels / Anges gardiens, Archanges, êtres ascensionnés ?)				
Êtres : Qui / Quoi ?		Elément reconnu ?	Qu'a-t-il-fait ou dit ? Actions ?	
Autres caractéristiques				

11 Résumé du rêve en 7-8 lignes max. (à la première rédaction)

12 Compléments / analyse & décodage (après relecture ou les jours d'après)

13 Qu'avez appris / identifié (après relecture ou les jours d'après)

1 Date et titre du rêve				
Date		Titre		

2 Evénements importants antérieurs	
A	
B	
C	

3 Suggestions/ pré-conditionnement du prochain rêve à faire	
A	
B	
C	

4 Environnement / Ambiance / Lieu	
A	
B	

5 Actions principales (Verbes d'actions)		
Actions	Objectifs	Complément / Anomalie

6 Objets / Eléments		
Objets remarqués	Signification / Sens habituels	Complément / Anomalie

7 Emotions / sentiments perçus au moment des actions ou à la vue des objets		
Actions / Objets	Emotions / Sentiments	Complément / Anomalie

8 Personnes / Animaux / Autres êtres apparaissant dans le rêve		
Qui / quoi	Représentation habituelle	Que fait/dit-il ?

9 Dernière scène et dernier sentiment perçu		
Scène	Emotions / Sentiments	Agréable / Désagréable / Anomalie

10 Caractéristiques du rêve

Récurrent	Oui ☐	Non ☐	Quel élément l'indiquerait	
Informatif	Oui ☐	Non ☐	Quel élément l'indiquerait	
Prédictif	Oui ☐	Non ☐	Quel élément l'indiquerait	
Solution	Oui ☐	Non ☐	Quel élément l'indiquerait	
Evolutionnaire	Oui ☐	Non ☐	Quel élément l'indiquerait	
Quelle évolution ? Qu'avez-vous appris ?				
Spirituel / Mystique	Oui ☐	Non ☐	Elément reconnu	

Si oui, quels êtres ? (Guides spirituels / Anges gardiens, Archanges, êtres ascensionnés ?)

Êtres : Qui / Quoi ?	Elément reconnu ?	Qu'a-t-il-fait ou dit ? Actions ?
Autres caractéristiques		

11 Résumé du rêve en 7-8 lignes max. (à la première rédaction)

12 Compléments / analyse & décodage (après relecture ou les jours d'après)

13 Qu'avez appris / identifié (après relecture ou les jours d'après)

1 Date et titre du rêve			
Date		Titre	

2 Evénements importants antérieurs	
A	
B	
C	

3 Suggestions/ pré-conditionnement du prochain rêve à faire	
A	
B	
C	

4 Environnement / Ambiance / Lieu	
A	
B	

5 Actions principales (Verbes d'actions)		
Actions	Objectifs	Complément / Anomalie

6 Objets / Eléments		
Objets remarqués	Signification / Sens habituels	Complément / Anomalie

7 Emotions / sentiments perçus au moment des actions ou à la vue des objets		
Actions / Objets	Emotions / Sentiments	Complément / Anomalie

8 Personnes / Animaux / Autres êtres apparaissant dans le rêve		
Qui / quoi	Représentation habituelle	Que fait/dit-il ?

9 Dernière scène et dernier sentiment perçu		
Scène	Emotions / Sentiments	Agréable / Désagréable / Anomalie

10 Caractéristiques du rêve

Récurrent	Oui ☐	Non ☐	Quel élément l'indiquerait	
Informatif	Oui ☐	Non ☐	Quel élément l'indiquerait	
Prédictif	Oui ☐	Non ☐	Quel élément l'indiquerait	
Solution	Oui ☐	Non ☐	Quel élément l'indiquerait	
Evolutionnaire	Oui ☐	Non ☐	Quel élément l'indiquerait	

Quelle évolution ? Qu'avez-vous appris ?	

Spirituel / Mystique	Oui ☐	Non ☐	Elément reconnu	

Si oui, quels êtres ? (Guides spirituels / Anges gardiens, Archanges, êtres ascensionnés ?)		
Êtres : Qui / Quoi ?	Elément reconnu ?	Qu'a-t-il-fait ou dit ? Actions ?
Autres caractéristiques		

11 Résumé du rêve en 7-8 lignes max. (à la première rédaction)

12 Compléments / analyse & décodage (après relecture ou les jours d'après)

13 Qu'avez appris / identifié (après relecture ou les jours d'après)

1 Date et titre du rêve

Date		Titre	

2 Evénements importants antérieurs

A	
B	
C	

3 Suggestions/ pré-conditionnement du prochain rêve à faire

A	
B	
C	

4 Environnement / Ambiance / Lieu

A	
B	

5 Actions principales (Verbes d'actions)

Actions	Objectifs	Complément / Anomalie

6 Objets / Eléments

Objets remarqués	Signification / Sens habituels	Complément / Anomalie

7 Emotions / sentiments perçus au moment des actions ou à la vue des objets

Actions / Objets	Emotions / Sentiments	Complément / Anomalie

8 Personnes / Animaux / Autres êtres apparaissant dans le rêve

Qui / quoi	Représentation habituelle	Que fait/dit-il ?

9 Dernière scène et dernier sentiment perçu

Scène	Emotions / Sentiments	Agréable / Désagréable / Anomalie

10 Caractéristiques du rêve

Récurrent	Oui ☐	Non ☐	Quel élément l'indiquerait	
Informatif	Oui ☐	Non ☐	Quel élément l'indiquerait	
Prédictif	Oui ☐	Non ☐	Quel élément l'indiquerait	
Solution	Oui ☐	Non ☐	Quel élément l'indiquerait	
Evolutionnaire	Oui ☐	Non ☐	Quel élément l'indiquerait	
Quelle évolution ? Qu'avez-vous appris ?				
Spirituel / Mystique		Oui ☐	Non ☐	Elément reconnu
Si oui, quels êtres ? (Guides spirituels / Anges gardiens, Archanges, êtres ascensionnés ?)				
Êtres : Qui / Quoi ?		Elément reconnu ?	Qu'a-t-il-fait ou dit ? Actions ?	
Autres caractéristiques				

11 Résumé du rêve en 7-8 lignes max. (à la première rédaction)

12 Compléments / analyse & décodage (après relecture ou les jours d'après)

13 Qu'avez appris / identifié (après relecture ou les jours d'après)

1 Date et titre du rêve

Date		Titre	

2 Evénements importants antérieurs

A	
B	
C	

3 Suggestions/ pré-conditionnement du prochain rêve à faire

A	
B	
C	

4 Environnement / Ambiance / Lieu

A	
B	

5 Actions principales (Verbes d'actions)

Actions	Objectifs	Complément / Anomalie

6 Objets / Eléments

Objets remarqués	Signification / Sens habituels	Complément / Anomalie

7 Emotions / sentiments perçus au moment des actions ou à la vue des objets

Actions / Objets	Emotions / Sentiments	Complément / Anomalie

8 Personnes / Animaux / Autres êtres apparaissant dans le rêve

Qui / quoi	Représentation habituelle	Que fait/dit-il ?

9 Dernière scène et dernier sentiment perçu

Scène	Emotions / Sentiments	Agréable / Désagréable / Anomalie

10 Caractéristiques du rêve

Récurrent	Oui ☐	Non ☐	Quel élément l'indiquerait	
Informatif	Oui ☐	Non ☐	Quel élément l'indiquerait	
Prédictif	Oui ☐	Non ☐	Quel élément l'indiquerait	
Solution	Oui ☐	Non ☐	Quel élément l'indiquerait	
Evolutionnaire	Oui ☐	Non ☐	Quel élément l'indiquerait	
Quelle évolution ? Qu'avez-vous appris ?				
Spirituel / Mystique	Oui ☐	Non ☐	Elément reconnu	
Si oui, quels êtres ? (Guides spirituels / Anges gardiens, Archanges, êtres ascensionnés ?)				
Êtres : Qui / Quoi ?	Elément reconnu ?		Qu'a-t-il-fait ou dit ? Actions ?	
Autres caractéristiques				

11 Résumé du rêve en 7-8 lignes max. (à la première rédaction)

12 Compléments / analyse & décodage (après relecture ou les jours d'après)

13 Qu'avez appris / identifié (après relecture ou les jours d'après)

1 Date et titre du rêve				
Date		Titre		

2 Evénements importants antérieurs
A
B
C

3 Suggestions/ pré-conditionnement du prochain rêve à faire
A
B
C

4 Environnement / Ambiance / Lieu
A
B

5 Actions principales (Verbes d'actions)		
Actions	Objectifs	Complément / Anomalie

6 Objets / Eléments		
Objets remarqués	Signification / Sens habituels	Complément / Anomalie

7 Emotions / sentiments perçus au moment des actions ou à la vue des objets		
Actions / Objets	Emotions / Sentiments	Complément / Anomalie

8 Personnes / Animaux / Autres êtres apparaissant dans le rêve		
Qui / quoi	Représentation habituelle	Que fait/dit-il ?

9 Dernière scène et dernier sentiment perçu		
Scène	Emotions / Sentiments	Agréable / Désagréable / Anomalie

10 Caractéristiques du rêve

Récurrent	Oui ☐	Non ☐	Quel élément l'indiquerait	
Informatif	Oui ☐	Non ☐	Quel élément l'indiquerait	
Prédictif	Oui ☐	Non ☐	Quel élément l'indiquerait	
Solution	Oui ☐	Non ☐	Quel élément l'indiquerait	
Evolutionnaire	Oui ☐	Non ☐	Quel élément l'indiquerait	
Quelle évolution ? Qu'avez-vous appris ?				
Spirituel / Mystique	Oui ☐	Non ☐	Elément reconnu	

Si oui, quels êtres ? (Guides spirituels / Anges gardiens, Archanges, êtres ascensionnés ?)

Êtres : Qui / Quoi ?	Elément reconnu ?	Qu'a-t-il-fait ou dit ? Actions ?
Autres caractéristiques		

11 Résumé du rêve en 7-8 lignes max. (à la première rédaction)

12 Compléments / analyse & décodage (après relecture ou les jours d'après)

13 Qu'avez appris / identifié (après relecture ou les jours d'après)

1 Date et titre du rêve			
Date		Titre	

2 Evénements importants antérieurs

A	
B	
C	

3 Suggestions/ pré-conditionnement du prochain rêve à faire

A	
B	
C	

4 Environnement / Ambiance / Lieu

A	
B	

5 Actions principales (Verbes d'actions)

Actions	Objectifs	Complément / Anomalie

6 Objets / Eléments

Objets remarqués	Signification / Sens habituels	Complément / Anomalie

7 Emotions / sentiments perçus au moment des actions ou à la vue des objets

Actions / Objets	Emotions / Sentiments	Complément / Anomalie

8 Personnes / Animaux / Autres êtres apparaissant dans le rêve

Qui / quoi	Représentation habituelle	Que fait/dit-il ?

9 Dernière scène et dernier sentiment perçu

Scène	Emotions / Sentiments	Agréable / Désagréable / Anomalie

10 Caractéristiques du rêve

Récurrent	Oui ☐	Non ☐	Quel élément l'indiquerait	
Informatif	Oui ☐	Non ☐	Quel élément l'indiquerait	
Prédictif	Oui ☐	Non ☐	Quel élément l'indiquerait	
Solution	Oui ☐	Non ☐	Quel élément l'indiquerait	
Evolutionnaire	Oui ☐	Non ☐	Quel élément l'indiquerait	
Quelle évolution ? Qu'avez-vous appris ?				
Spirituel / Mystique	Oui ☐	Non ☐	Elément reconnu	

Si oui, quels êtres ? (Guides spirituels / Anges gardiens, Archanges, êtres ascensionnés ?)

Êtres : Qui / Quoi ?	Elément reconnu ?	Qu'a-t-il-fait ou dit ? Actions ?
Autres caractéristiques		

11 Résumé du rêve en 7-8 lignes max. (à la première rédaction)

12 Compléments / analyse & décodage (après relecture ou les jours d'après)

13 Qu'avez appris / identifié (après relecture ou les jours d'après)

1 Date et titre du rêve			
Date		Titre	

2 Evénements importants antérieurs	
A	
B	
C	

3 Suggestions/ pré-conditionnement du prochain rêve à faire	
A	
B	
C	

4 Environnement / Ambiance / Lieu	
A	
B	

5 Actions principales (Verbes d'actions)		
Actions	Objectifs	Complément / Anomalie

6 Objets / Eléments		
Objets remarqués	Signification / Sens habituels	Complément / Anomalie

7 Emotions / sentiments perçus au moment des actions ou à la vue des objets		
Actions / Objets	Emotions / Sentiments	Complément / Anomalie

8 Personnes / Animaux / Autres êtres apparaissant dans le rêve		
Qui / quoi	Représentation habituelle	Que fait/dit-il ?

9 Dernière scène et dernier sentiment perçu		
Scène	Emotions / Sentiments	Agréable / Désagréable / Anomalie

10 Caractéristiques du rêve

Récurrent	Oui ☐	Non ☐	Quel élément l'indiquerait	
Informatif	Oui ☐	Non ☐	Quel élément l'indiquerait	
Prédictif	Oui ☐	Non ☐	Quel élément l'indiquerait	
Solution	Oui ☐	Non ☐	Quel élément l'indiquerait	
Evolutionnaire	Oui ☐	Non ☐	Quel élément l'indiquerait	
Quelle évolution ? Qu'avez-vous appris ?				
Spirituel / Mystique	Oui ☐	Non ☐	Elément reconnu	

Si oui, quels êtres ? (Guides spirituels / Anges gardiens, Archanges, êtres ascensionnés ?)

Êtres : Qui / Quoi ?	Elément reconnu ?	Qu'a-t-il-fait ou dit ? Actions ?
Autres caractéristiques		

11 Résumé du rêve en 7-8 lignes max. (à la première rédaction)

12 Compléments / analyse & décodage (après relecture ou les jours d'après)

13 Qu'avez appris / identifié (après relecture ou les jours d'après)

1 Date et titre du rêve

Date		Titre	

2 Evénements importants antérieurs

A	
B	
C	

3 Suggestions/ pré-conditionnement du prochain rêve à faire

A	
B	
C	

4 Environnement / Ambiance / Lieu

A	
B	

5 Actions principales (Verbes d'actions)

Actions	Objectifs	Complément / Anomalie

6 Objets / Eléments

Objets remarqués	Signification / Sens habituels	Complément / Anomalie

7 Emotions / sentiments perçus au moment des actions ou à la vue des objets

Actions / Objets	Emotions / Sentiments	Complément / Anomalie

8 Personnes / Animaux / Autres êtres apparaissant dans le rêve

Qui / quoi	Représentation habituelle	Que fait/dit-il ?

9 Dernière scène et dernier sentiment perçu

Scène	Emotions / Sentiments	Agréable / Désagréable / Anomalie

10 Caractéristiques du rêve

Récurrent	Oui ☐	Non ☐	Quel élément l'indiquerait	
Informatif	Oui ☐	Non ☐	Quel élément l'indiquerait	
Prédictif	Oui ☐	Non ☐	Quel élément l'indiquerait	
Solution	Oui ☐	Non ☐	Quel élément l'indiquerait	
Evolutionnaire	Oui ☐	Non ☐	Quel élément l'indiquerait	
Quelle évolution ? Qu'avez-vous appris ?				
Spirituel / Mystique	Oui ☐	Non ☐	Elément reconnu	

Si oui, quels êtres ? (Guides spirituels / Anges gardiens, Archanges, êtres ascensionnés ?)		
Êtres : Qui / Quoi ?	Elément reconnu ?	Qu'a-t-il-fait ou dit ? Actions ?
Autres caractéristiques		

11 Résumé du rêve en 7-8 lignes max. (à la première rédaction)

12 Compléments / analyse & décodage (après relecture ou les jours d'après)

13 Qu'avez appris / identifié (après relecture ou les jours d'après)

1 Date et titre du rêve

Date		Titre	

2 Evénements importants antérieurs

A	
B	
C	

3 Suggestions/ pré-conditionnement du prochain rêve à faire

A	
B	
C	

4 Environnement / Ambiance / Lieu

A	
B	

5 Actions principales (Verbes d'actions)

Actions	Objectifs	Complément / Anomalie

6 Objets / Eléments

Objets remarqués	Signification / Sens habituels	Complément / Anomalie

7 Emotions / sentiments perçus au moment des actions ou à la vue des objets

Actions / Objets	Emotions / Sentiments	Complément / Anomalie

8 Personnes / Animaux / Autres êtres apparaissant dans le rêve

Qui / quoi	Représentation habituelle	Que fait/dit-il ?

9 Dernière scène et dernier sentiment perçu

Scène	Emotions / Sentiments	Agréable / Désagréable / Anomalie

10 Caractéristiques du rêve

Récurrent	Oui ☐	Non ☐	Quel élément l'indiquerait	
Informatif	Oui ☐	Non ☐	Quel élément l'indiquerait	
Prédictif	Oui ☐	Non ☐	Quel élément l'indiquerait	
Solution	Oui ☐	Non ☐	Quel élément l'indiquerait	
Evolutionnaire	Oui ☐	Non ☐	Quel élément l'indiquerait	
Quelle évolution ? Qu'avez-vous appris ?				
Spirituel / Mystique	Oui ☐	Non ☐	Elément reconnu	

Si oui, quels êtres ? (Guides spirituels / Anges gardiens, Archanges, êtres ascensionnés ?)

Êtres : Qui / Quoi ?	Elément reconnu ?	Qu'a-t-il-fait ou dit ? Actions ?
Autres caractéristiques		

11 Résumé du rêve en 7-8 lignes max. (à la première rédaction)

12 Compléments / analyse & décodage (après relecture ou les jours d'après)

13 Qu'avez appris / identifié (après relecture ou les jours d'après)

1 Date et titre du rêve

Date		Titre	

2 Evénements importants antérieurs

A	
B	
C	

3 Suggestions/ pré-conditionnement du prochain rêve à faire

A	
B	
C	

4 Environnement / Ambiance / Lieu

A	
B	

5 Actions principales (Verbes d'actions)

Actions	Objectifs	Complément / Anomalie

6 Objets / Eléments

Objets remarqués	Signification / Sens habituels	Complément / Anomalie

7 Emotions / sentiments perçus au moment des actions ou à la vue des objets

Actions / Objets	Emotions / Sentiments	Complément / Anomalie

8 Personnes / Animaux / Autres êtres apparaissant dans le rêve

Qui / quoi	Représentation habituelle	Que fait/dit-il ?

9 Dernière scène et dernier sentiment perçu

Scène	Emotions / Sentiments	Agréable / Désagréable / Anomalie

10 Caractéristiques du rêve

Récurrent	Oui ☐	Non ☐	Quel élément l'indiquerait	
Informatif	Oui ☐	Non ☐	Quel élément l'indiquerait	
Prédictif	Oui ☐	Non ☐	Quel élément l'indiquerait	
Solution	Oui ☐	Non ☐	Quel élément l'indiquerait	
Evolutionnaire	Oui ☐	Non ☐	Quel élément l'indiquerait	
Quelle évolution ? Qu'avez-vous appris ?				
Spirituel / Mystique	Oui ☐	Non ☐	Elément reconnu	

Si oui, quels êtres ? (Guides spirituels / Anges gardiens, Archanges, êtres ascensionnés ?)

Êtres : Qui / Quoi ?	Elément reconnu ?	Qu'a-t-il-fait ou dit ? Actions ?

Autres caractéristiques	

11 Résumé du rêve en 7-8 lignes max. (à la première rédaction)

12 Compléments / analyse & décodage (après relecture ou les jours d'après)

13 Qu'avez appris / identifié (après relecture ou les jours d'après)

1 Date et titre du rêve			
Date		Titre	

2 Evénements importants antérieurs
A
B
C

3 Suggestions/ pré-conditionnement du prochain rêve à faire
A
B
C

4 Environnement / Ambiance / Lieu
A
B

5 Actions principales (Verbes d'actions)		
Actions	Objectifs	Complément / Anomalie

6 Objets / Eléments		
Objets remarqués	Signification / Sens habituels	Complément / Anomalie

7 Emotions / sentiments perçus au moment des actions ou à la vue des objets		
Actions / Objets	Emotions / Sentiments	Complément / Anomalie

8 Personnes / Animaux / Autres êtres apparaissant dans le rêve		
Qui / quoi	Représentation habituelle	Que fait/dit-il ?

9 Dernière scène et dernier sentiment perçu		
Scène	Emotions / Sentiments	Agréable / Désagréable / Anomalie

10 Caractéristiques du rêve

Récurrent	Oui ☐	Non ☐	Quel élément l'indiquerait	
Informatif	Oui ☐	Non ☐	Quel élément l'indiquerait	
Prédictif	Oui ☐	Non ☐	Quel élément l'indiquerait	
Solution	Oui ☐	Non ☐	Quel élément l'indiquerait	
Evolutionnaire	Oui ☐	Non ☐	Quel élément l'indiquerait	
Quelle évolution ? Qu'avez-vous appris ?				
Spirituel / Mystique		Oui ☐	Non ☐	Elément reconnu	

Si oui, quels êtres ? (Guides spirituels / Anges gardiens, Archanges, êtres ascensionnés ?)

Êtres : Qui / Quoi ?	Elément reconnu ?	Qu'a-t-il-fait ou dit ? Actions ?
Autres caractéristiques		

11 Résumé du rêve en 7-8 lignes max. (à la première rédaction)

12 Compléments / analyse & décodage (après relecture ou les jours d'après)

13 Qu'avez appris / identifié (après relecture ou les jours d'après)

1 Date et titre du rêve				74
Date		Titre		

2 Evénements importants antérieurs	
A	
B	
C	

3 Suggestions/ pré-conditionnement du prochain rêve à faire	
A	
B	
C	

4 Environnement / Ambiance / Lieu	
A	
B	

5 Actions principales (Verbes d'actions)		
Actions	Objectifs	Complément / Anomalie

6 Objets / Eléments		
Objets remarqués	Signification / Sens habituels	Complément / Anomalie

7 Emotions / sentiments perçus au moment des actions ou à la vue des objets		
Actions / Objets	Emotions / Sentiments	Complément / Anomalie

8 Personnes / Animaux / Autres êtres apparaissant dans le rêve		
Qui / quoi	Représentation habituelle	Que fait/dit-il ?

9 Dernière scène et dernier sentiment perçu		
Scène	Emotions / Sentiments	Agréable / Désagréable / Anomalie

10 Caractéristiques du rêve

Récurrent	Oui ☐	Non ☐	Quel élément l'indiquerait	
Informatif	Oui ☐	Non ☐	Quel élément l'indiquerait	
Prédictif	Oui ☐	Non ☐	Quel élément l'indiquerait	
Solution	Oui ☐	Non ☐	Quel élément l'indiquerait	
Evolutionnaire	Oui ☐	Non ☐	Quel élément l'indiquerait	
Quelle évolution ? Qu'avez-vous appris ?				
Spirituel / Mystique	Oui ☐	Non ☐	Elément reconnu	

Si oui, quels êtres ? (Guides spirituels / Anges gardiens, Archanges, êtres ascensionnés ?)

Êtres : Qui / Quoi ?	Elément reconnu ?	Qu'a-t-il-fait ou dit ? Actions ?
Autres caractéristiques		

11 Résumé du rêve en 7-8 lignes max. (à la première rédaction)

12 Compléments / analyse & décodage (après relecture ou les jours d'après)

13 Qu'avez appris / identifié (après relecture ou les jours d'après)

1 Date et titre du rêve				
Date		Titre		

2 Evénements importants antérieurs	
A	
B	
C	

3 Suggestions/ pré-conditionnement du prochain rêve à faire	
A	
B	
C	

4 Environnement / Ambiance / Lieu	
A	
B	

5 Actions principales (Verbes d'actions)		
Actions	Objectifs	Complément / Anomalie

6 Objets / Eléments		
Objets remarqués	Signification / Sens habituels	Complément / Anomalie

7 Emotions / sentiments perçus au moment des actions ou à la vue des objets		
Actions / Objets	Emotions / Sentiments	Complément / Anomalie

8 Personnes / Animaux / Autres êtres apparaissant dans le rêve		
Qui / quoi	Représentation habituelle	Que fait/dit-il ?

9 Dernière scène et dernier sentiment perçu		
Scène	Emotions / Sentiments	Agréable / Désagréable / Anomalie

10 Caractéristiques du rêve

Récurrent	Oui ☐	Non ☐	Quel élément l'indiquerait	
Informatif	Oui ☐	Non ☐	Quel élément l'indiquerait	
Prédictif	Oui ☐	Non ☐	Quel élément l'indiquerait	
Solution	Oui ☐	Non ☐	Quel élément l'indiquerait	
Evolutionnaire	Oui ☐	Non ☐	Quel élément l'indiquerait	
Quelle évolution ? Qu'avez-vous appris ?				
Spirituel / Mystique		Oui ☐	Non ☐	Elément reconnu
Si oui, quels êtres ? (Guides spirituels / Anges gardiens, Archanges, êtres ascensionnés ?)				
Êtres : Qui / Quoi ?		Elément reconnu ?		Qu'a-t-il-fait ou dit ? Actions ?
Autres caractéristiques				

11 Résumé du rêve en 7-8 lignes max. (à la première rédaction)

12 Compléments / analyse & décodage (après relecture ou les jours d'après)

13 Qu'avez appris / identifié (après relecture ou les jours d'après)

1 Date et titre du rêve

Date		Titre	

2 Evénements importants antérieurs

A	
B	
C	

3 Suggestions/ pré-conditionnement du prochain rêve à faire

A	
B	
C	

4 Environnement / Ambiance / Lieu

A	
B	

5 Actions principales (Verbes d'actions)

Actions	Objectifs	Complément / Anomalie

6 Objets / Eléments

Objets remarqués	Signification / Sens habituels	Complément / Anomalie

7 Emotions / sentiments perçus au moment des actions ou à la vue des objets

Actions / Objets	Emotions / Sentiments	Complément / Anomalie

8 Personnes / Animaux / Autres êtres apparaissant dans le rêve

Qui / quoi	Représentation habituelle	Que fait/dit-il ?

9 Dernière scène et dernier sentiment perçu

Scène	Emotions / Sentiments	Agréable / Désagréable / Anomalie

10 Caractéristiques du rêve

Récurrent	Oui ☐	Non ☐	Quel élément l'indiquerait	
Informatif	Oui ☐	Non ☐	Quel élément l'indiquerait	
Prédictif	Oui ☐	Non ☐	Quel élément l'indiquerait	
Solution	Oui ☐	Non ☐	Quel élément l'indiquerait	
Evolutionnaire	Oui ☐	Non ☐	Quel élément l'indiquerait	
Quelle évolution ? Qu'avez-vous appris ?				

Spirituel / Mystique	Oui ☐	Non ☐	Elément reconnu	

Si oui, quels êtres ? (Guides spirituels / Anges gardiens, Archanges, êtres ascensionnés ?)

Êtres : Qui / Quoi ?	Elément reconnu ?	Qu'a-t-il-fait ou dit ? Actions ?
Autres caractéristiques		

11 Résumé du rêve en 7-8 lignes max. (à la première rédaction)

12 Compléments / analyse & décodage (après relecture ou les jours d'après)

13 Qu'avez appris / identifié (après relecture ou les jours d'après)

1 Date et titre du rêve

Date		Titre	

2 Evénements importants antérieurs

A	
B	
C	

3 Suggestions/ pré-conditionnement du prochain rêve à faire

A	
B	
C	

4 Environnement / Ambiance / Lieu

A	
B	

5 Actions principales (Verbes d'actions)

Actions	Objectifs	Complément / Anomalie

6 Objets / Eléments

Objets remarqués	Signification / Sens habituels	Complément / Anomalie

7 Emotions / sentiments perçus au moment des actions ou à la vue des objets

Actions / Objets	Emotions / Sentiments	Complément / Anomalie

8 Personnes / Animaux / Autres êtres apparaissant dans le rêve

Qui / quoi	Représentation habituelle	Que fait/dit-il ?

9 Dernière scène et dernier sentiment perçu

Scène	Emotions / Sentiments	Agréable / Désagréable / Anomalie

10 Caractéristiques du rêve

Récurrent	Oui ☐	Non ☐	Quel élément l'indiquerait	
Informatif	Oui ☐	Non ☐	Quel élément l'indiquerait	
Prédictif	Oui ☐	Non ☐	Quel élément l'indiquerait	
Solution	Oui ☐	Non ☐	Quel élément l'indiquerait	
Evolutionnaire	Oui ☐	Non ☐	Quel élément l'indiquerait	
Quelle évolution ? Qu'avez-vous appris ?				
Spirituel / Mystique	Oui ☐	Non ☐	Elément reconnu	
Si oui, quels êtres ? (Guides spirituels / Anges gardiens, Archanges, êtres ascensionnés ?)				
Êtres : Qui / Quoi ?	Elément reconnu ?		Qu'a-t-il-fait ou dit ? Actions ?	
Autres caractéristiques				

11 Résumé du rêve en 7-8 lignes max. (à la première rédaction)

12 Compléments / analyse & décodage (après relecture ou les jours d'après)

13 Qu'avez appris / identifié (après relecture ou les jours d'après)

1 Date et titre du rêve			
Date		Titre	

2 Evénements importants antérieurs	
A	
B	
C	

3 Suggestions/ pré-conditionnement du prochain rêve à faire	
A	
B	
C	

4 Environnement / Ambiance / Lieu	
A	
B	

5 Actions principales (Verbes d'actions)		
Actions	Objectifs	Complément / Anomalie

6 Objets / Eléments		
Objets remarqués	Signification / Sens habituels	Complément / Anomalie

7 Emotions / sentiments perçus au moment des actions ou à la vue des objets		
Actions / Objets	Emotions / Sentiments	Complément / Anomalie

8 Personnes / Animaux / Autres êtres apparaissant dans le rêve		
Qui / quoi	Représentation habituelle	Que fait/dit-il ?

9 Dernière scène et dernier sentiment perçu		
Scène	Emotions / Sentiments	Agréable / Désagréable / Anomalie

10 Caractéristiques du rêve

Récurrent	Oui ☐	Non ☐	Quel élément l'indiquerait	
Informatif	Oui ☐	Non ☐	Quel élément l'indiquerait	
Prédictif	Oui ☐	Non ☐	Quel élément l'indiquerait	
Solution	Oui ☐	Non ☐	Quel élément l'indiquerait	
Evolutionnaire	Oui ☐	Non ☐	Quel élément l'indiquerait	
Quelle évolution ? Qu'avez-vous appris ?				
Spirituel / Mystique	Oui ☐	Non ☐	Elément reconnu	
Si oui, quels êtres ? (Guides spirituels / Anges gardiens, Archanges, êtres ascensionnés ?)				
Êtres : Qui / Quoi ?	Elément reconnu ?		Qu'a-t-il-fait ou dit ? Actions ?	
Autres caractéristiques				

11 Résumé du rêve en 7-8 lignes max. (à la première rédaction)

12 Compléments / analyse & décodage (après relecture ou les jours d'après)

13 Qu'avez appris / identifié (après relecture ou les jours d'après)

1 Date et titre du rêve				
Date		Titre		

2 Evénements importants antérieurs	
A	
B	
C	

3 Suggestions/ pré-conditionnement du prochain rêve à faire	
A	
B	
C	

4 Environnement / Ambiance / Lieu	
A	
B	

5 Actions principales (Verbes d'actions)		
Actions	Objectifs	Complément / Anomalie

6 Objets / Eléments		
Objets remarqués	Signification / Sens habituels	Complément / Anomalie

7 Emotions / sentiments perçus au moment des actions ou à la vue des objets		
Actions / Objets	Emotions / Sentiments	Complément / Anomalie

8 Personnes / Animaux / Autres êtres apparaissant dans le rêve		
Qui / quoi	Représentation habituelle	Que fait/dit-il ?

9 Dernière scène et dernier sentiment perçu		
Scène	Emotions / Sentiments	Agréable / Désagréable / Anomalie

10 Caractéristiques du rêve

Récurrent	Oui ☐	Non ☐	Quel élément l'indiquerait	
Informatif	Oui ☐	Non ☐	Quel élément l'indiquerait	
Prédictif	Oui ☐	Non ☐	Quel élément l'indiquerait	
Solution	Oui ☐	Non ☐	Quel élément l'indiquerait	
Evolutionnaire	Oui ☐	Non ☐	Quel élément l'indiquerait	
Quelle évolution ? Qu'avez-vous appris ?				
Spirituel / Mystique	Oui ☐	Non ☐	Elément reconnu	

Si oui, quels êtres ? (Guides spirituels / Anges gardiens, Archanges, êtres ascensionnés ?)

Êtres : Qui / Quoi ?	Elément reconnu ?	Qu'a-t-il-fait ou dit ? Actions ?

Autres caractéristiques	

11 Résumé du rêve en 7-8 lignes max. (à la première rédaction)

12 Compléments / analyse & décodage (après relecture ou les jours d'après)

13 Qu'avez appris / identifié (après relecture ou les jours d'après)

1 Date et titre du rêve

Date		Titre	

2 Evénements importants antérieurs

A	
B	
C	

3 Suggestions/ pré-conditionnement du prochain rêve à faire

A	
B	
C	

4 Environnement / Ambiance / Lieu

A	
B	

5 Actions principales (Verbes d'actions)

Actions	Objectifs	Complément / Anomalie

6 Objets / Eléments

Objets remarqués	Signification / Sens habituels	Complément / Anomalie

7 Emotions / sentiments perçus au moment des actions ou à la vue des objets

Actions / Objets	Emotions / Sentiments	Complément / Anomalie

8 Personnes / Animaux / Autres êtres apparaissant dans le rêve

Qui / quoi	Représentation habituelle	Que fait/dit-il ?

9 Dernière scène et dernier sentiment perçu

Scène	Emotions / Sentiments	Agréable / Désagréable / Anomalie

10 Caractéristiques du rêve   87

Récurrent	Oui ☐	Non ☐	Quel élément l'indiquerait	
Informatif	Oui ☐	Non ☐	Quel élément l'indiquerait	
Prédictif	Oui ☐	Non ☐	Quel élément l'indiquerait	
Solution	Oui ☐	Non ☐	Quel élément l'indiquerait	
Evolutionnaire	Oui ☐	Non ☐	Quel élément l'indiquerait	

Quelle évolution ? Qu'avez-vous appris ?	

Spirituel / Mystique	Oui ☐	Non ☐	Elément reconnu	

Si oui, quels êtres ? (Guides spirituels / Anges gardiens, Archanges, êtres ascensionnés ?)

Êtres : Qui / Quoi ?	Elément reconnu ?	Qu'a-t-il-fait ou dit ? Actions ?

Autres caractéristiques	

11 Résumé du rêve en 7-8 lignes max. (à la première rédaction)

12 Compléments / analyse & décodage (après relecture ou les jours d'après)

13 Qu'avez appris / identifié (après relecture ou les jours d'après)

1 Date et titre du rêve

Date		Titre	

2 Evénements importants antérieurs

A	
B	
C	

3 Suggestions/ pré-conditionnement du prochain rêve à faire

A	
B	
C	

4 Environnement / Ambiance / Lieu

A	
B	

5 Actions principales (Verbes d'actions)

Actions	Objectifs	Complément / Anomalie

6 Objets / Eléments

Objets remarqués	Signification / Sens habituels	Complément / Anomalie

7 Emotions / sentiments perçus au moment des actions ou à la vue des objets

Actions / Objets	Emotions / Sentiments	Complément / Anomalie

8 Personnes / Animaux / Autres êtres apparaissant dans le rêve

Qui / quoi	Représentation habituelle	Que fait/dit-il ?

9 Dernière scène et dernier sentiment perçu

Scène	Emotions / Sentiments	Agréable / Désagréable / Anomalie

10 Caractéristiques du rêve

Récurrent	Oui ☐	Non ☐	Quel élément l'indiquerait	
Informatif	Oui ☐	Non ☐	Quel élément l'indiquerait	
Prédictif	Oui ☐	Non ☐	Quel élément l'indiquerait	
Solution	Oui ☐	Non ☐	Quel élément l'indiquerait	
Evolutionnaire	Oui ☐	Non ☐	Quel élément l'indiquerait	
Quelle évolution ? Qu'avez-vous appris ?				
Spirituel / Mystique		Oui ☐	Non ☐	Elément reconnu
Si oui, quels êtres ? (Guides spirituels / Anges gardiens, Archanges, êtres ascensionnés ?)				

Êtres : Qui / Quoi ?	Elément reconnu ?	Qu'a-t-il-fait ou dit ? Actions ?
Autres caractéristiques		

11 Résumé du rêve en 7-8 lignes max. (à la première rédaction)

12 Compléments / analyse & décodage (après relecture ou les jours d'après)

13 Qu'avez appris / identifié (après relecture ou les jours d'après)

1 Date et titre du rêve

Date		Titre	

2 Evénements importants antérieurs

A	
B	
C	

3 Suggestions/ pré-conditionnement du prochain rêve à faire

A	
B	
C	

4 Environnement / Ambiance / Lieu

A	
B	

5 Actions principales (Verbes d'actions)

Actions	Objectifs	Complément / Anomalie

6 Objets / Eléments

Objets remarqués	Signification / Sens habituels	Complément / Anomalie

7 Emotions / sentiments perçus au moment des actions ou à la vue des objets

Actions / Objets	Emotions / Sentiments	Complément / Anomalie

8 Personnes / Animaux / Autres êtres apparaissant dans le rêve

Qui / quoi	Représentation habituelle	Que fait/dit-il ?

9 Dernière scène et dernier sentiment perçu

Scène	Emotions / Sentiments	Agréable / Désagréable / Anomalie

10 Caractéristiques du rêve

Récurrent	Oui ☐	Non ☐	Quel élément l'indiquerait	
Informatif	Oui ☐	Non ☐	Quel élément l'indiquerait	
Prédictif	Oui ☐	Non ☐	Quel élément l'indiquerait	
Solution	Oui ☐	Non ☐	Quel élément l'indiquerait	
Evolutionnaire	Oui ☐	Non ☐	Quel élément l'indiquerait	
Quelle évolution ? Qu'avez-vous appris ?				
Spirituel / Mystique	Oui ☐	Non ☐	Elément reconnu	

Si oui, quels êtres ? (Guides spirituels / Anges gardiens, Archanges, êtres ascensionnés ?)

Êtres : Qui / Quoi ?	Elément reconnu ?	Qu'a-t-il-fait ou dit ? Actions ?
Autres caractéristiques		

11 Résumé du rêve en 7-8 lignes max. (à la première rédaction)

12 Compléments / analyse & décodage (après relecture ou les jours d'après)

13 Qu'avez appris / identifié (après relecture ou les jours d'après)

1 Date et titre du rêve

Date		Titre	

2 Evénements importants antérieurs

A	
B	
C	

3 Suggestions/ pré-conditionnement du prochain rêve à faire

A	
B	
C	

4 Environnement / Ambiance / Lieu

A	
B	

5 Actions principales (Verbes d'actions)

Actions	Objectifs	Complément / Anomalie

6 Objets / Eléments

Objets remarqués	Signification / Sens habituels	Complément / Anomalie

7 Emotions / sentiments perçus au moment des actions ou à la vue des objets

Actions / Objets	Emotions / Sentiments	Complément / Anomalie

8 Personnes / Animaux / Autres êtres apparaissant dans le rêve

Qui / quoi	Représentation habituelle	Que fait/dit-il ?

9 Dernière scène et dernier sentiment perçu

Scène	Emotions / Sentiments	Agréable / Désagréable / Anomalie

10 Caractéristiques du rêve

Récurrent	Oui ☐	Non ☐	Quel élément l'indiquerait
Informatif	Oui ☐	Non ☐	Quel élément l'indiquerait
Prédictif	Oui ☐	Non ☐	Quel élément l'indiquerait
Solution	Oui ☐	Non ☐	Quel élément l'indiquerait
Evolutionnaire	Oui ☐	Non ☐	Quel élément l'indiquerait

Quelle évolution ? Qu'avez-vous appris ?	

Spirituel / Mystique	Oui ☐	Non ☐	Elément reconnu

Si oui, quels êtres ? (Guides spirituels / Anges gardiens, Archanges, êtres ascensionnés ?)

Êtres : Qui / Quoi ?	Elément reconnu ?	Qu'a-t-il-fait ou dit ? Actions ?
Autres caractéristiques		

11 Résumé du rêve en 7-8 lignes max. (à la première rédaction)

12 Compléments / analyse & décodage (après relecture ou les jours d'après)

13 Qu'avez appris / identifié (après relecture ou les jours d'après)

1 Date et titre du rêve

Date		Titre	

2 Evénements importants antérieurs

A	
B	
C	

3 Suggestions/ pré-conditionnement du prochain rêve à faire

A	
B	
C	

4 Environnement / Ambiance / Lieu

A	
B	

5 Actions principales (Verbes d'actions)

Actions	Objectifs	Complément / Anomalie

6 Objets / Eléments

Objets remarqués	Signification / Sens habituels	Complément / Anomalie

7 Emotions / sentiments perçus au moment des actions ou à la vue des objets

Actions / Objets	Emotions / Sentiments	Complément / Anomalie

8 Personnes / Animaux / Autres êtres apparaissant dans le rêve

Qui / quoi	Représentation habituelle	Que fait/dit-il ?

9 Dernière scène et dernier sentiment perçu

Scène	Emotions / Sentiments	Agréable / Désagréable / Anomalie

10 Caractéristiques du rêve   95

Récurrent	Oui ☐	Non ☐	Quel élément l'indiquerait	
Informatif	Oui ☐	Non ☐	Quel élément l'indiquerait	
Prédictif	Oui ☐	Non ☐	Quel élément l'indiquerait	
Solution	Oui ☐	Non ☐	Quel élément l'indiquerait	
Evolutionnaire	Oui ☐	Non ☐	Quel élément l'indiquerait	

Quelle évolution ? Qu'avez-vous appris ?		

Spirituel / Mystique	Oui ☐	Non ☐	Elément reconnu	

Si oui, quels êtres ? (Guides spirituels / Anges gardiens, Archanges, êtres ascensionnés ?)

Êtres : Qui / Quoi ?	Elément reconnu ?	Qu'a-t-il-fait ou dit ? Actions ?

Autres caractéristiques	

11 Résumé du rêve en 7-8 lignes max. (à la première rédaction)

12 Compléments / analyse & décodage (après relecture ou les jours d'après)

13 Qu'avez appris / identifié (après relecture ou les jours d'après)

1 Date et titre du rêve			
Date		Titre	

2 Evénements importants antérieurs
A
B
C

3 Suggestions/ pré-conditionnement du prochain rêve à faire
A
B
C

4 Environnement / Ambiance / Lieu
A
B

5 Actions principales (Verbes d'actions)

Actions	Objectifs	Complément / Anomalie

6 Objets / Eléments

Objets remarqués	Signification / Sens habituels	Complément / Anomalie

7 Emotions / sentiments perçus au moment des actions ou à la vue des objets

Actions / Objets	Emotions / Sentiments	Complément / Anomalie

8 Personnes / Animaux / Autres êtres apparaissant dans le rêve

Qui / quoi	Représentation habituelle	Que fait/dit-il ?

9 Dernière scène et dernier sentiment perçu

Scène	Emotions / Sentiments	Agréable / Désagréable / Anomalie

10 Caractéristiques du rêve

Récurrent	Oui ☐	Non ☐	Quel élément l'indiquerait	
Informatif	Oui ☐	Non ☐	Quel élément l'indiquerait	
Prédictif	Oui ☐	Non ☐	Quel élément l'indiquerait	
Solution	Oui ☐	Non ☐	Quel élément l'indiquerait	
Evolutionnaire	Oui ☐	Non ☐	Quel élément l'indiquerait	
Quelle évolution ? Qu'avez-vous appris ?				
Spirituel / Mystique	Oui ☐	Non ☐	Elément reconnu	

Si oui, quels êtres ? (Guides spirituels / Anges gardiens, Archanges, êtres ascensionnés ?)		
Êtres : Qui / Quoi ?	Elément reconnu ?	Qu'a-t-il-fait ou dit ? Actions ?
Autres caractéristiques		

11 Résumé du rêve en 7-8 lignes max. (à la première rédaction)

12 Compléments / analyse & décodage (après relecture ou les jours d'après)

13 Qu'avez appris / identifié (après relecture ou les jours d'après)

1 Date et titre du rêve

Date		Titre	

2 Evénements importants antérieurs

A	
B	
C	

3 Suggestions/ pré-conditionnement du prochain rêve à faire

A	
B	
C	

4 Environnement / Ambiance / Lieu

A	
B	

5 Actions principales (Verbes d'actions)

Actions	Objectifs	Complément / Anomalie

6 Objets / Eléments

Objets remarqués	Signification / Sens habituels	Complément / Anomalie

7 Emotions / sentiments perçus au moment des actions ou à la vue des objets

Actions / Objets	Emotions / Sentiments	Complément / Anomalie

8 Personnes / Animaux / Autres êtres apparaissant dans le rêve

Qui / quoi	Représentation habituelle	Que fait/dit-il ?

9 Dernière scène et dernier sentiment perçu

Scène	Emotions / Sentiments	Agréable / Désagréable / Anomalie

10 Caractéristiques du rêve

Récurrent	Oui ☐	Non ☐	Quel élément l'indiquerait	
Informatif	Oui ☐	Non ☐	Quel élément l'indiquerait	
Prédictif	Oui ☐	Non ☐	Quel élément l'indiquerait	
Solution	Oui ☐	Non ☐	Quel élément l'indiquerait	
Evolutionnaire	Oui ☐	Non ☐	Quel élément l'indiquerait	
Quelle évolution ? Qu'avez-vous appris ?				
Spirituel / Mystique		Oui ☐	Non ☐	Elément reconnu	

Si oui, quels êtres ? (Guides spirituels / Anges gardiens, Archanges, êtres ascensionnés ?)

Êtres : Qui / Quoi ?	Elément reconnu ?	Qu'a-t-il-fait ou dit ? Actions ?
Autres caractéristiques		

11 Résumé du rêve en 7-8 lignes max. (à la première rédaction)

12 Compléments / analyse & décodage (après relecture ou les jours d'après)

13 Qu'avez appris / identifié (après relecture ou les jours d'après)

1 Date et titre du rêve

Date		Titre	

2 Evénements importants antérieurs

A	
B	
C	

3 Suggestions/ pré-conditionnement du prochain rêve à faire

A	
B	
C	

4 Environnement / Ambiance / Lieu

A	
B	

5 Actions principales (Verbes d'actions)

Actions	Objectifs	Complément / Anomalie

6 Objets / Eléments

Objets remarqués	Signification / Sens habituels	Complément / Anomalie

7 Emotions / sentiments perçus au moment des actions ou à la vue des objets

Actions / Objets	Emotions / Sentiments	Complément / Anomalie

8 Personnes / Animaux / Autres êtres apparaissant dans le rêve

Qui / quoi	Représentation habituelle	Que fait/dit-il ?

9 Dernière scène et dernier sentiment perçu

Scène	Emotions / Sentiments	Agréable / Désagréable / Anomalie

10 Caractéristiques du rêve

Récurrent	Oui ☐	Non ☐	Quel élément l'indiquerait	
Informatif	Oui ☐	Non ☐	Quel élément l'indiquerait	
Prédictif	Oui ☐	Non ☐	Quel élément l'indiquerait	
Solution	Oui ☐	Non ☐	Quel élément l'indiquerait	
Evolutionnaire	Oui ☐	Non ☐	Quel élément l'indiquerait	
Quelle évolution ? Qu'avez-vous appris ?				

Spirituel / Mystique	Oui ☐	Non ☐	Elément reconnu	

Si oui, quels êtres ? (Guides spirituels / Anges gardiens, Archanges, êtres ascensionnés ?)

Êtres : Qui / Quoi ?	Elément reconnu ?	Qu'a-t-il-fait ou dit ? Actions ?
Autres caractéristiques		

11 Résumé du rêve en 7-8 lignes max. (à la première rédaction)

12 Compléments / analyse & décodage (après relecture ou les jours d'après)

13 Qu'avez appris / identifié (après relecture ou les jours d'après)

1 Date et titre du rêve

Date		Titre	

2 Evénements importants antérieurs

A	
B	
C	

3 Suggestions/ pré-conditionnement du prochain rêve à faire

A	
B	
C	

4 Environnement / Ambiance / Lieu

A	
B	

5 Actions principales (Verbes d'actions)

Actions	Objectifs	Complément / Anomalie

6 Objets / Eléments

Objets remarqués	Signification / Sens habituels	Complément / Anomalie

7 Emotions / sentiments perçus au moment des actions ou à la vue des objets

Actions / Objets	Emotions / Sentiments	Complément / Anomalie

8 Personnes / Animaux / Autres êtres apparaissant dans le rêve

Qui / quoi	Représentation habituelle	Que fait/dit-il ?

9 Dernière scène et dernier sentiment perçu

Scène	Emotions / Sentiments	Agréable / Désagréable / Anomalie

10 Caractéristiques du rêve

Récurrent	Oui ☐	Non ☐	Quel élément l'indiquerait	
Informatif	Oui ☐	Non ☐	Quel élément l'indiquerait	
Prédictif	Oui ☐	Non ☐	Quel élément l'indiquerait	
Solution	Oui ☐	Non ☐	Quel élément l'indiquerait	
Evolutionnaire	Oui ☐	Non ☐	Quel élément l'indiquerait	
Quelle évolution ? Qu'avez-vous appris ?				
Spirituel / Mystique		Oui ☐	Non ☐	Elément reconnu
Si oui, quels êtres ? (Guides spirituels / Anges gardiens, Archanges, êtres ascensionnés ?)				

Êtres : Qui / Quoi ?	Elément reconnu ?	Qu'a-t-il-fait ou dit ? Actions ?
Autres caractéristiques		

11 Résumé du rêve en 7-8 lignes max. (à la première rédaction)

12 Compléments / analyse & décodage (après relecture ou les jours d'après)

13 Qu'avez appris / identifié (après relecture ou les jours d'après)

1 Date et titre du rêve			
Date		Titre	

2 Evénements importants antérieurs	
A	
B	
C	

3 Suggestions/ pré-conditionnement du prochain rêve à faire	
A	
B	
C	

4 Environnement / Ambiance / Lieu	
A	
B	

5 Actions principales (Verbes d'actions)		
Actions	Objectifs	Complément / Anomalie

6 Objets / Eléments		
Objets remarqués	Signification / Sens habituels	Complément / Anomalie

7 Emotions / sentiments perçus au moment des actions ou à la vue des objets		
Actions / Objets	Emotions / Sentiments	Complément / Anomalie

8 Personnes / Animaux / Autres êtres apparaissant dans le rêve		
Qui / quoi	Représentation habituelle	Que fait/dit-il ?

9 Dernière scène et dernier sentiment perçu		
Scène	Emotions / Sentiments	Agréable / Désagréable / Anomalie

10 Caractéristiques du rêve

Récurrent	Oui ☐	Non ☐	Quel élément l'indiquerait	
Informatif	Oui ☐	Non ☐	Quel élément l'indiquerait	
Prédictif	Oui ☐	Non ☐	Quel élément l'indiquerait	
Solution	Oui ☐	Non ☐	Quel élément l'indiquerait	
Evolutionnaire	Oui ☐	Non ☐	Quel élément l'indiquerait	
Quelle évolution ? Qu'avez-vous appris ?				
Spirituel / Mystique	Oui ☐	Non ☐	Elément reconnu	

Si oui, quels êtres ? (Guides spirituels / Anges gardiens, Archanges, êtres ascensionnés ?)

Êtres : Qui / Quoi ?	Elément reconnu ?	Qu'a-t-il-fait ou dit ? Actions ?
Autres caractéristiques		

11 Résumé du rêve en 7-8 lignes max. (à la première rédaction)

12 Compléments / analyse & décodage (après relecture ou les jours d'après)

13 Qu'avez appris / identifié (après relecture ou les jours d'après)

1 Date et titre du rêve				
Date		Titre		

2 Evénements importants antérieurs	
A	
B	
C	

3 Suggestions/ pré-conditionnement du prochain rêve à faire	
A	
B	
C	

4 Environnement / Ambiance / Lieu	
A	
B	

5 Actions principales (Verbes d'actions)		
Actions	Objectifs	Complément / Anomalie

6 Objets / Eléments		
Objets remarqués	Signification / Sens habituels	Complément / Anomalie

7 Emotions / sentiments perçus au moment des actions ou à la vue des objets		
Actions / Objets	Emotions / Sentiments	Complément / Anomalie

8 Personnes / Animaux / Autres êtres apparaissant dans le rêve		
Qui / quoi	Représentation habituelle	Que fait/dit-il ?

9 Dernière scène et dernier sentiment perçu		
Scène	Emotions / Sentiments	Agréable / Désagréable / Anomalie

10 Caractéristiques du rêve

Récurrent	Oui ☐	Non ☐	Quel élément l'indiquerait	
Informatif	Oui ☐	Non ☐	Quel élément l'indiquerait	
Prédictif	Oui ☐	Non ☐	Quel élément l'indiquerait	
Solution	Oui ☐	Non ☐	Quel élément l'indiquerait	
Evolutionnaire	Oui ☐	Non ☐	Quel élément l'indiquerait	
Quelle évolution ? Qu'avez-vous appris ?				
Spirituel / Mystique	Oui ☐	Non ☐	Elément reconnu	

Si oui, quels êtres ? (Guides spirituels / Anges gardiens, Archanges, êtres ascensionnés ?)

Êtres : Qui / Quoi ?	Elément reconnu ?	Qu'a-t-il-fait ou dit ? Actions ?
Autres caractéristiques		

11 Résumé du rêve en 7-8 lignes max. (à la première rédaction)

12 Compléments / analyse & décodage (après relecture ou les jours d'après)

13 Qu'avez appris / identifié (après relecture ou les jours d'après)

1 Date et titre du rêve				
Date		Titre		

2 Evénements importants antérieurs
A
B
C

3 Suggestions/ pré-conditionnement du prochain rêve à faire
A
B
C

4 Environnement / Ambiance / Lieu
A
B

5 Actions principales (Verbes d'actions)

Actions	Objectifs	Complément / Anomalie

6 Objets / Eléments

Objets remarqués	Signification / Sens habituels	Complément / Anomalie

7 Emotions / sentiments perçus au moment des actions ou à la vue des objets

Actions / Objets	Emotions / Sentiments	Complément / Anomalie

8 Personnes / Animaux / Autres êtres apparaissant dans le rêve

Qui / quoi	Représentation habituelle	Que fait/dit-il ?

9 Dernière scène et dernier sentiment perçu

Scène	Emotions / Sentiments	Agréable / Désagréable / Anomalie

10 Caractéristiques du rêve

Récurrent	Oui ☐	Non ☐	Quel élément l'indiquerait	
Informatif	Oui ☐	Non ☐	Quel élément l'indiquerait	
Prédictif	Oui ☐	Non ☐	Quel élément l'indiquerait	
Solution	Oui ☐	Non ☐	Quel élément l'indiquerait	
Evolutionnaire	Oui ☐	Non ☐	Quel élément l'indiquerait	
Quelle évolution ? Qu'avez-vous appris ?				
Spirituel / Mystique	Oui ☐	Non ☐	Elément reconnu	
Si oui, quels êtres ? (Guides spirituels / Anges gardiens, Archanges, êtres ascensionnés ?)				
Êtres : Qui / Quoi ?		Elément reconnu ?	Qu'a-t-il-fait ou dit ? Actions ?	
Autres caractéristiques				

11 Résumé du rêve en 7-8 lignes max. (à la première rédaction)

12 Compléments / analyse & décodage (après relecture ou les jours d'après)

13 Qu'avez appris / identifié (après relecture ou les jours d'après)

1 Date et titre du rêve				
Date		Titre		

2 Evénements importants antérieurs

A	
B	
C	

3 Suggestions/ pré-conditionnement du prochain rêve à faire

A	
B	
C	

4 Environnement / Ambiance / Lieu

A	
B	

5 Actions principales (Verbes d'actions)

Actions	Objectifs	Complément / Anomalie

6 Objets / Eléments

Objets remarqués	Signification / Sens habituels	Complément / Anomalie

7 Emotions / sentiments perçus au moment des actions ou à la vue des objets

Actions / Objets	Emotions / Sentiments	Complément / Anomalie

8 Personnes / Animaux / Autres êtres apparaissant dans le rêve

Qui / quoi	Représentation habituelle	Que fait/dit-il ?

9 Dernière scène et dernier sentiment perçu

Scène	Emotions / Sentiments	Agréable / Désagréable / Anomalie

10 Caractéristiques du rêve

Récurrent	Oui ☐	Non ☐	Quel élément l'indiquerait	
Informatif	Oui ☐	Non ☐	Quel élément l'indiquerait	
Prédictif	Oui ☐	Non ☐	Quel élément l'indiquerait	
Solution	Oui ☐	Non ☐	Quel élément l'indiquerait	
Evolutionnaire	Oui ☐	Non ☐	Quel élément l'indiquerait	
Quelle évolution ? Qu'avez-vous appris ?				
Spirituel / Mystique		Oui ☐	Non ☐	Elément reconnu	

Si oui, quels êtres ? (Guides spirituels / Anges gardiens, Archanges, êtres ascensionnés ?)

Êtres : Qui / Quoi ?	Elément reconnu ?	Qu'a-t-il-fait ou dit ? Actions ?
Autres caractéristiques		

11 Résumé du rêve en 7-8 lignes max. (à la première rédaction)

12 Compléments / analyse & décodage (après relecture ou les jours d'après)

13 Qu'avez appris / identifié (après relecture ou les jours d'après)

1 Date et titre du rêve

Date		Titre	

2 Evénements importants antérieurs

A	
B	
C	

3 Suggestions/ pré-conditionnement du prochain rêve à faire

A	
B	
C	

4 Environnement / Ambiance / Lieu

A	
B	

5 Actions principales (Verbes d'actions)

Actions	Objectifs	Complément / Anomalie

6 Objets / Eléments

Objets remarqués	Signification / Sens habituels	Complément / Anomalie

7 Emotions / sentiments perçus au moment des actions ou à la vue des objets

Actions / Objets	Emotions / Sentiments	Complément / Anomalie

8 Personnes / Animaux / Autres êtres apparaissant dans le rêve

Qui / quoi	Représentation habituelle	Que fait/dit-il ?

9 Dernière scène et dernier sentiment perçu

Scène	Emotions / Sentiments	Agréable / Désagréable / Anomalie

10 Caractéristiques du rêve

Récurrent	Oui ☐	Non ☐	Quel élément l'indiquerait	
Informatif	Oui ☐	Non ☐	Quel élément l'indiquerait	
Prédictif	Oui ☐	Non ☐	Quel élément l'indiquerait	
Solution	Oui ☐	Non ☐	Quel élément l'indiquerait	
Evolutionnaire	Oui ☐	Non ☐	Quel élément l'indiquerait	
Quelle évolution ? Qu'avez-vous appris ?				
Spirituel / Mystique		Oui ☐	Non ☐	Elément reconnu	
Si oui, quels êtres ? (Guides spirituels / Anges gardiens, Archanges, êtres ascensionnés ?)				
Êtres : Qui / Quoi ?		Elément reconnu ?		Qu'a-t-il-fait ou dit ? Actions ?
Autres caractéristiques				

11 Résumé du rêve en 7-8 lignes max. (à la première rédaction)

12 Compléments / analyse & décodage (après relecture ou les jours d'après)

13 Qu'avez appris / identifié (après relecture ou les jours d'après)

1 Date et titre du rêve

Date		Titre	

2 Evénements importants antérieurs

A	
B	
C	

3 Suggestions/ pré-conditionnement du prochain rêve à faire

A	
B	
C	

4 Environnement / Ambiance / Lieu

A	
B	

5 Actions principales (Verbes d'actions)

Actions	Objectifs	Complément / Anomalie

6 Objets / Eléments

Objets remarqués	Signification / Sens habituels	Complément / Anomalie

7 Emotions / sentiments perçus au moment des actions ou à la vue des objets

Actions / Objets	Emotions / Sentiments	Complément / Anomalie

8 Personnes / Animaux / Autres êtres apparaissant dans le rêve

Qui / quoi	Représentation habituelle	Que fait/dit-il ?

9 Dernière scène et dernier sentiment perçu

Scène	Emotions / Sentiments	Agréable / Désagréable / Anomalie

10 Caractéristiques du rêve

Récurrent	Oui ☐	Non ☐	Quel élément l'indiquerait	
Informatif	Oui ☐	Non ☐	Quel élément l'indiquerait	
Prédictif	Oui ☐	Non ☐	Quel élément l'indiquerait	
Solution	Oui ☐	Non ☐	Quel élément l'indiquerait	
Evolutionnaire	Oui ☐	Non ☐	Quel élément l'indiquerait	

Quelle évolution ? Qu'avez-vous appris ?		

Spirituel / Mystique	Oui ☐	Non ☐	Elément reconnu	

Si oui, quels êtres ? (Guides spirituels / Anges gardiens, Archanges, êtres ascensionnés ?)

Êtres : Qui / Quoi ?	Elément reconnu ?	Qu'a-t-il-fait ou dit ? Actions ?

Autres caractéristiques	

11 Résumé du rêve en 7-8 lignes max. (à la première rédaction)

12 Compléments / analyse & décodage (après relecture ou les jours d'après)

13 Qu'avez appris / identifié (après relecture ou les jours d'après)

1 Date et titre du rêve			
Date		Titre	

2 Evénements importants antérieurs	
A	
B	
C	

3 Suggestions/ pré-conditionnement du prochain rêve à faire	
A	
B	
C	

4 Environnement / Ambiance / Lieu	
A	
B	

5 Actions principales (Verbes d'actions)		
Actions	Objectifs	Complément / Anomalie

6 Objets / Eléments		
Objets remarqués	Signification / Sens habituels	Complément / Anomalie

7 Emotions / sentiments perçus au moment des actions ou à la vue des objets		
Actions / Objets	Emotions / Sentiments	Complément / Anomalie

8 Personnes / Animaux / Autres êtres apparaissant dans le rêve		
Qui / quoi	Représentation habituelle	Que fait/dit-il ?

9 Dernière scène et dernier sentiment perçu		
Scène	Emotions / Sentiments	Agréable / Désagréable / Anomalie

10 Caractéristiques du rêve

Récurrent	Oui ☐	Non ☐	Quel élément l'indiquerait	
Informatif	Oui ☐	Non ☐	Quel élément l'indiquerait	
Prédictif	Oui ☐	Non ☐	Quel élément l'indiquerait	
Solution	Oui ☐	Non ☐	Quel élément l'indiquerait	
Evolutionnaire	Oui ☐	Non ☐	Quel élément l'indiquerait	
Quelle évolution ? Qu'avez-vous appris ?				
Spirituel / Mystique	Oui ☐	Non ☐	Elément reconnu	

Si oui, quels êtres ? (Guides spirituels / Anges gardiens, Archanges, êtres ascensionnés ?)

Êtres : Qui / Quoi ?	Elément reconnu ?	Qu'a-t-il-fait ou dit ? Actions ?
Autres caractéristiques		

11 Résumé du rêve en 7-8 lignes max. (à la première rédaction)

12 Compléments / analyse & décodage (après relecture ou les jours d'après)

13 Qu'avez appris / identifié (après relecture ou les jours d'après)

1 Date et titre du rêve

Date		Titre	

2 Evénements importants antérieurs

A	
B	
C	

3 Suggestions/ pré-conditionnement du prochain rêve à faire

A	
B	
C	

4 Environnement / Ambiance / Lieu

A	
B	

5 Actions principales (Verbes d'actions)

Actions	Objectifs	Complément / Anomalie

6 Objets / Eléments

Objets remarqués	Signification / Sens habituels	Complément / Anomalie

7 Emotions / sentiments perçus au moment des actions ou à la vue des objets

Actions / Objets	Emotions / Sentiments	Complément / Anomalie

8 Personnes / Animaux / Autres êtres apparaissant dans le rêve

Qui / quoi	Représentation habituelle	Que fait/dit-il ?

9 Dernière scène et dernier sentiment perçu

Scène	Emotions / Sentiments	Agréable / Désagréable / Anomalie

10 Caractéristiques du rêve

Récurrent	Oui ☐	Non ☐	Quel élément l'indiquerait	
Informatif	Oui ☐	Non ☐	Quel élément l'indiquerait	
Prédictif	Oui ☐	Non ☐	Quel élément l'indiquerait	
Solution	Oui ☐	Non ☐	Quel élément l'indiquerait	
Evolutionnaire	Oui ☐	Non ☐	Quel élément l'indiquerait	
Quelle évolution ? Qu'avez-vous appris ?				
Spirituel / Mystique	Oui ☐	Non ☐	Elément reconnu	
Si oui, quels êtres ? (Guides spirituels / Anges gardiens, Archanges, êtres ascensionnés ?)				

Êtres : Qui / Quoi ?	Elément reconnu ?	Qu'a-t-il-fait ou dit ? Actions ?
Autres caractéristiques		

11 Résumé du rêve en 7-8 lignes max. (à la première rédaction)

12 Compléments / analyse & décodage (après relecture ou les jours d'après)

13 Qu'avez appris / identifié (après relecture ou les jours d'après)

1 Date et titre du rêve				
Date		Titre		

2 Evénements importants antérieurs	
A	
B	
C	

3 Suggestions/ pré-conditionnement du prochain rêve à faire	
A	
B	
C	

4 Environnement / Ambiance / Lieu	
A	
B	

5 Actions principales (Verbes d'actions)		
Actions	Objectifs	Complément / Anomalie

6 Objets / Eléments		
Objets remarqués	Signification / Sens habituels	Complément / Anomalie

7 Emotions / sentiments perçus au moment des actions ou à la vue des objets		
Actions / Objets	Emotions / Sentiments	Complément / Anomalie

8 Personnes / Animaux / Autres êtres apparaissant dans le rêve		
Qui / quoi	Représentation habituelle	Que fait/dit-il ?

9 Dernière scène et dernier sentiment perçu		
Scène	Emotions / Sentiments	Agréable / Désagréable / Anomalie

10 Caractéristiques du rêve

Récurrent	Oui ☐	Non ☐	Quel élément l'indiquerait	
Informatif	Oui ☐	Non ☐	Quel élément l'indiquerait	
Prédictif	Oui ☐	Non ☐	Quel élément l'indiquerait	
Solution	Oui ☐	Non ☐	Quel élément l'indiquerait	
Evolutionnaire	Oui ☐	Non ☐	Quel élément l'indiquerait	
Quelle évolution ? Qu'avez-vous appris ?				
Spirituel / Mystique		Oui ☐	Non ☐	Elément reconnu	

Si oui, quels êtres ? (Guides spirituels / Anges gardiens, Archanges, êtres ascensionnés ?)

Êtres : Qui / Quoi ?	Elément reconnu ?	Qu'a-t-il-fait ou dit ? Actions ?

Autres caractéristiques	

11 Résumé du rêve en 7-8 lignes max. (à la première rédaction)

12 Compléments / analyse & décodage (après relecture ou les jours d'après)

13 Qu'avez appris / identifié (après relecture ou les jours d'après)

1 Date et titre du rêve

Date		Titre	

2 Evénements importants antérieurs

A	
B	
C	

3 Suggestions/ pré-conditionnement du prochain rêve à faire

A	
B	
C	

4 Environnement / Ambiance / Lieu

A	
B	

5 Actions principales (Verbes d'actions)

Actions	Objectifs	Complément / Anomalie

6 Objets / Eléments

Objets remarqués	Signification / Sens habituels	Complément / Anomalie

7 Emotions / sentiments perçus au moment des actions ou à la vue des objets

Actions / Objets	Emotions / Sentiments	Complément / Anomalie

8 Personnes / Animaux / Autres êtres apparaissant dans le rêve

Qui / quoi	Représentation habituelle	Que fait/dit-il ?

9 Dernière scène et dernier sentiment perçu

Scène	Emotions / Sentiments	Agréable / Désagréable / Anomalie

10 Caractéristiques du rêve

Récurrent	Oui ☐	Non ☐	Quel élément l'indiquerait	
Informatif	Oui ☐	Non ☐	Quel élément l'indiquerait	
Prédictif	Oui ☐	Non ☐	Quel élément l'indiquerait	
Solution	Oui ☐	Non ☐	Quel élément l'indiquerait	
Evolutionnaire	Oui ☐	Non ☐	Quel élément l'indiquerait	
Quelle évolution ? Qu'avez-vous appris ?				
Spirituel / Mystique		Oui ☐	Non ☐	Elément reconnu	

Si oui, quels êtres ? (Guides spirituels / Anges gardiens, Archanges, êtres ascensionnés ?)		
Êtres : Qui / Quoi ?	Elément reconnu ?	Qu'a-t-il-fait ou dit ? Actions ?
Autres caractéristiques		

11 Résumé du rêve en 7-8 lignes max. (à la première rédaction)

12 Compléments / analyse & décodage (après relecture ou les jours d'après)

13 Qu'avez appris / identifié (après relecture ou les jours d'après)

Mon décodeur personnel

Lettre A		
Eléments	1er décodage	2nd décodage (décodage + fin)

Lettre B		
Eléments	1er décodage	2nd décodage (décodage + fin)

Lettre C		
Eléments	1er décodage	2nd décodage (décodage + fin)

Lettre D		
Eléments	1er décodage	2nd décodage (décodage + fin)

Lettre E		
Eléments	1er décodage	2nd décodage (décodage + fin)

Lettre F		
Eléments	1er décodage	2nd décodage (décodage + fin)

Lettre G		
Eléments	1er décodage	2nd décodage (décodage + fin)

Lettre H		
Eléments	1er décodage	2nd décodage (décodage + fin)

Lettre I		
Eléments	1er décodage	2nd décodage (décodage + fin)

Lettre J		
Eléments	1er décodage	2nd décodage (décodage + fin)

Lettre K		
Eléments	1er décodage	2nd décodage (décodage + fin)

Lettre L		
Eléments	1er décodage	2nd décodage (décodage + fin)

Lettre M		
Eléments	1er décodage	2nd décodage (décodage + fin)

Lettre N		
Eléments	1er décodage	2nd décodage (décodage + fin)

Lettre O		
Eléments	1er décodage	2nd décodage (décodage + fin)

Lettre P		
Eléments	1er décodage	2nd décodage (décodage + fin)

Lettre Q		
Eléments	1er décodage	2nd décodage (décodage + fin)

Lettre R		
Eléments	1er décodage	2nd décodage (décodage + fin)

Lettre S		
Eléments	1er décodage	2nd décodage (décodage + fin)

Lettre T		
Eléments	1er décodage	2nd décodage (décodage + fin)

Lettre U		
Eléments	1er décodage	2nd décodage (décodage + fin)

Lettre V		
Eléments	1er décodage	2nd décodage (décodage + fin)

Lettre W		
Eléments	1er décodage	2nd décodage (décodage + fin)

Lettre X		
Eléments	1er décodage	2nd décodage (décodage + fin)

Lettre Y		
Eléments	1er décodage	2nd décodage (décodage + fin)

Lettre Z		
Eléments	1er décodage	2nd décodage (décodage + fin)

Printed in Great Britain
by Amazon

13936318R00075